二十一世紀的大對決（上）

雷正祺 著

二十一世紀的大對決

華人與世界交織之命運

The content of this book,

By no means,

To be 100 percent accurate,

But without doubt,

It will awaken all the ears to hear,

Till those major events unfolded in the world…

今世何夕應先識，
前掘後竭忌不覺；
臨江濯足名活水，
半只葫蘆贈渴人。

雲野

謹獻給

想作先知先覺，有心
卻成後知後覺，無奈
偶作不知不覺，寧願
隨時有知有覺，不忘
——一步一腳印地踏向雲深不知未來深山處的野地採藥人

目錄（上冊）

第零章　前言

未來也許不是大多數人想像的那麼神秘難解。當人努力地研究，就會發現未來的方向似乎已在冥冥註定了。將中外預言去蕪存菁的結果會驚訝地發覺各時代幾乎都有能預見未來的人，而且許多預言都能互相呼應，能讓研究者與讀者嘖嘖稱奇。本書在附錄中列舉古今中外許多預言，做為認識真正未來（非想像未來）的寶貴資產。這不是一本小說，但建構未來圖像之中仍不免有許多推想演義；雖不是嚴肅的學術著作，卻也有深刻的基礎論據。讀本書的讀者或許會覺得這不像小說故事般有趣，對特定事件的解析也可能不完整或不夠徹底，因為本書的努力方向並不在那些地方，本書的重點在歸納研究出未來的大致面貌來，並努力將未來幾乎確定會發生的事件發展連接建構起來，而許多細節很可能會與未來實情有所出入。對不常涉獵預言世界的讀者們，或許會覺得有些陌生，難以置信，甚至排斥，這些反應雖都很自然，然而歷史的走向往往不是人想拒絕就能阻擋或逃避得了的。本書綜合整理各種預言資料，將未來世界濃縮呈現在現代忙碌人的眼前。讓關心卻無時間深入研究的人，能在最短時間內吸收近四、五十年的預言內容；也對有涉獵預言的讀者提供完整的未來面貌與最可能的時間定位，不再充斥著模糊、片段與不確定的解釋，以饗各類讀者的喜好。請諸位讀者留意，再準確的預言與推論，也始終沒有真相那麼複雜與真確。（閱讀此書內容必須要有相當的心理準

備，未來不是許多人想像的那麼光明，或許該說是黎明前會有極大的黑暗）

推背圖有云：「世道興衰不自由，不如推背去歸休」。歷史對沒有親身經歷的人而言，事前與事後都免不了想像與推測的內容，其差別是事後的想像空間變得小多了。正如愛因斯坦所說的，「過去、現在和未來的區別總是虛妄」，眾人指月之手指也是個個不同，所見的同一個月亮也有不同的陰晴圓缺。自由意志與命定論一直是哲學家與神學家們熱衷的一項議題，命定的因果密網似乎無所不在，無事不由，自由意志雖被人高舉，實際卻是處處受制，受到各種認知情境、喜好關係等所影響，是以佛家認為身陷紅塵的人要出離解脫，得到真正的最高自由著實不易。佛家固然認為個人的解脫是可能的，命定論也非不能打破，因果關連固然緊密，若一切皆是命中註定，人也沒有造新的善惡業力與承受其結果的能力了。對多數的人而言，這是一件最困難的事，而命定的枷鎖也更強力地桎梏著每個人的心。選擇不同的人心種子發芽會對其他的種子造成排擠效應，而草木的榮枯也有其時空。

人生而有神經系統，隨之而有知覺的苦痛與喜樂，無知覺者常有缺乏警惕下的死傷，過份敏感者又隨時伴隨著強烈的不安與折磨。預言也像是一種覺知，瞭解苦樂參半的未來者就能多些計畫、希望，少些不安和恐怖。若來時路與書中所建構的未來類似，就姑且多聽些；否則也不必太信之，作者極不希望造成「集體焦慮」的情況。在此仍要凡是建議心臟不好或太悲觀的朋友請勿閱讀。在此時此地完成此書，作者認為也該是作公開宣傳的時候了。這本野人獻曝的小書所剖析的內容，不說未來的事情必會如此發展，以免鼓勵惡者興風作浪；也不說必然不如是，以免愚者不覺警惕。讓身處大旱者得見雲霓，也為不信預言或迷信預言者敲響警鐘。若讀者們在書中找不到夢想的未來，也不妨請再回到各自所做的未來夢境中。無論是戰爭與和平的歲月中，願大家都能做個不卑不亢的真正自由人。

本書每章的結構是這樣的：首先是相關該章時段預言的來源出處；接著是正文，正文又以交錯的「政治」、「經濟」、「軍事」、「宗教」與「其他」各大段落，大致依照時序編織切隔，方便讀者們作抽取式的閱讀或由多角度蠡測的整合式思維，而各種因素其實都在交相影響推移著。為了索引方便，另外以編號來區分各大段落——P（政治）、O（其他）、E（經濟）、M（軍事）和R（宗教），合稱為「POEMR」，例如，P3-2是表示第三章的第二段政治內容。

本書各章內容簡述如下：第一章「福爾磨沙」(Formosand)，台灣的現況與兩岸的諸多問題；第二章「後災無蔽」(Collapsing Roof)，世界的動亂與台灣的厄運；第三章「雄中數天」(China Triad)，中國的動亂與新局；第四章「紅日爭強」(Red, White, and Boom)，中與美日之大戰，全球的動盪；第五章「新起霸山」(Genghis Khan and Jupiter Alive)，中國的新暴君與新宗教出現；第六章「世界焰烈」(World in Flames)，歐洲的可怕戰事，世界大戰；第七章「荒亂血戰」(Infernal Lands)，苦難繼續，亂源消長；第八章「燹美黯龍」(US Is Burning)，北美大浩劫；第九章「西方再現」(Sweet Revenge)，歐洲復興反攻，暴政覆亡；第十章「見一明光」(Light from the Tunnel End)，戰後新生，歷史新頁。第一章是近來數年之間、以台灣為主要對象的簡介與評述，第二章以後開始各種預言的揭露與舖陳。(本文中的羅馬與阿拉伯數字的組合標示是用來表示該項預言內容乃取自諾氏諸世紀的章節出處)

台灣未來的命運應不至於像坊間「台灣的最後一夜」小說中所寫得那麼血腥，但若台灣像該書描述，決定堅守最後一吋國土，則兩岸慘烈情勢仍有可能發展到類似那樣的地步。不想事態惡化的人，今日尚有可為，識者切莫蹉跎，夢碎夢醒無痴人。

福爾摩沙

第一章 福爾磨沙 1990-2004

兩岸隔離

《推背圖讖 43 象》《推背圖頌 43 象》《推背圖畫 43 象》《乾坤萬年歌》《武侯百年乩其二》《西班牙預言》《邵康節梅花詩其十》

兩岸經濟先後興起，和平與半壁江山的富庶

《步虛法師預言詩第 11》《武侯百年乩其二》《邵康節梅花詩其十》

中國大陸成了世界最大的新興市場

《燒餅歌》

經濟—（E1-1）

曾讓台灣一度躋身為亞洲四小龍之一而感到自豪的的光環迅速褪色，台灣政府總負債金額超過三兆之譜。財政吃緊，經濟復甦腳步緩慢，人民普遍缺乏信心與希望，從長期 4000 多點、難以向上突破的台灣股市就可明顯地看到這幅光景，就連接近零利率的情況，也無法刺激大眾的投資與消費；還有為數不少「錢進大陸、債留台灣」的不肖商人把台灣原已動搖的經濟加以摧殘掏空，朝野也拿他們沒辦法，甚至政客還因為過多的利益糾葛為那些人護航。島內的政治鬥爭犧牲了經濟的成長，空轉蹉跎的歲月在全球化與本土化的拔河之間擺盪。

若把兩岸經貿交流看作是洪水，台灣前總統的「戒急用忍」作法就像古時的鯀在治水般，終究是失敗的；而繼位的總統也不是禹，以口水來防洪，無意雪上加霜。不是台灣的領導者沒有看到趨勢，但消極與別有政治盤算的心理，不知葬送了多少兩岸修好的機會。

歐美日等國家經濟陷入長期的經濟不景氣，投資重點轉向低本益比的地方，尤其是中國大陸，所以中國市場成了世界的吸金石與聚寶盆，所謂「十億人民九億商，還有一億跑單幫」就是在形容中國這股投資的熱勁兒。中國的情況為眾所矚目，其尚未完全開放、仍有許多管制的經濟結構，雖曾在國際金融投機客的攻擊下挺住，但大家心裡都明白，有道是「公家的錢好花，公家的物好拿」，「有關係就沒關係，沒關係就有關係」，中國朋黨商業的特色與不良的國營事業、銀行等嚴重問題都可能是未來可能爆發嚴重危機的來源，不流通的人民幣若與全球經濟接軌，將會發生很大的震盪。若中國出了什麼大問題，將會使全球已相當不振的經濟更是雪上加霜。過去曾紅極一時的避險基金越來越難獲利，若警訊出現，將會造成惡性雪球效應，催收債務會造就更廣泛的借貸情況，牽動其他的避險基金，而啟動金融界所謂的「金融末日機器」。

民生衰退、民權爭鬥、民族模糊的台灣是誰有、誰治與誰在享？有沒有醒來的一天？兩岸修好是重要的，不僅為雙方的經濟利益，更是為了長遠的未來著想，許多在台灣生活的人不同意這種看法，但未來的發展會使他們難過，也可能讓他們後悔過去在還有相當籌碼時所錯過的機會，則歷史或許不會發展到血腥的地步。但或許一切都已嫌太遲了。

政治——(P1-1)

潮流

兩蔣時代可能沒有想到台灣的民主是這樣發展的，大陸的中共政權當然也沒想到。兩岸間的恩怨情仇會到什麼時候才會劃上句點？還會上演什麼戲碼？

台灣人民常常認為兩岸既已經歷大體相安分治的數十年，國共的恩怨也該在現今重人權的文明世界裡一筆勾消了。臺灣已有新的執政政黨，而中國在十六大後第四代的接班人也作了大幅換血。此外，與世界接軌的兩岸都已先後加入世界貿易組織（WTO），應有良性的互動關係，中國政權不應再用過去的思考模式來做事。現在的中國要發展經濟，還要顧及未來主辦 2008 年奧運的形象，不會不理性地甘冒經濟倒退十年的後果對臺發動武力，故一般人認為兩岸主要的競爭是在經貿而非軍事的領域。台灣地小力弱，夾在強權間可做的事真的不多，無怪乎前總統會把外交的勝利看作是個人和國家的重大成就了。

和平歲月的時期裡，中共想用「一國兩制」來套住台灣，「愛拼才會贏」的台灣人怎會輕易就範。幾乎沒有人會相信在這種情勢下還可以有發揮所謂柔性國力的餘地，要作永久中立國是要有許多條件的，可惜台灣大多不具備這些條件。臺灣人喜歡渲染、不願屈居弱小，與大陸的強勢、以為張開大口，羊肉就會自動送上門來的情況形成強烈對比。經濟不振、水、旱災與人為災禍不斷的臺灣能影響、超越大陸的事物也在逐步縮小之中。若想用「民主人權」之名，還不如用商業金錢、科技實務來得快。又想製造美日歐洲給中國施壓的政治操作也非易事。政府花費大筆金錢在宣傳、外交與國防上，人民則多在祈禱兩岸有個漸變的未來。然而，事終與願違，政商學者們所不願發生的巨變正在悄悄地成形。

外交

台灣政府長期在惡劣的外交環境下不斷地想走入國際社會，走自己的路。兩岸大玩所謂的「乒乓外交」、「金錢外交」、「實質外交」、「元首外交」、「度假外交」、「過境外交」、「第一夫人外交」等各種方式來爭取盟邦、與封鎖或反封鎖對方。主事者心想成功或失敗對自己的政權都有加分的作用。雖然過去長久以來，兩岸外交檯面下的動作從未間斷，但民進黨的政府覺得中國一直無善意的回應，並不惜與中國作更白熱化的檯面上爭鬥，藉以動搖國際視聽，這種作法固然可以徵得國內外一時的支援聲浪，但對兩岸與牽涉的外國都難以挽回各方的面子，也不容易再找到雙贏和下台階的機會。外交上這種操作無異是殺雞取卵，加上台灣政府喜歡跳過傳統的外交與內政機制，手法與作法上常顯露出粗糙的痕跡。外交目標傾向急功近利的作法，領導中心又缺乏或不信任專業，也難獲得專業人士的人心與助力，還常引起危機的狀況。外交在新手上路、跌跌撞撞的過程裡，信用與國際關係可說是不見起色，雖然偶有成功突破，也在島內被大肆吹噓成極大的成功，其實質的作用卻令人氣餒。諸多努力像是一套套花拳繡腿，浮誇短暫而未能深耕持久。在碰到大環境更不利時，沾沾自喜的轉機與小勝利往往預約了更大而難以收拾的危機。

政局

回到國內，台灣的政治生態推向以多數人決民主的常軌，佔多數的本省人自主意識抬頭，在長期對抗少數外省統治階級的過程中，終於有了很大的收穫，但這以族群分化對立的爭鬥卻一直在政治發展中如影隨形地存在著。過度膨脹、想獨占鼇頭的台灣意識和希望跌深反彈、逐漸褪色的舊政治信條兩者間的抗爭仍以不同形式持續地上演著。台灣的發展與進步都是全體參與者貢獻的結果，敵對政爭的陣營總愛鞏固自己，大力抹殺敵對者的貢獻，遮掩自身的醜劣，簡化成動聽偏頗的口號宣傳；政治總是充斥著對未來與個人路線之爭，諸如「誰才是真正愛台灣的」這類問題，人民是聽得太多也吵得太久了。時間會證明給那些爭作台灣良心的政治人物們，真正的台灣心與台灣情是不會隨國家、政黨、族群、年齡、時空而有所改變的。

民進黨在掌握行政資源後，政經勢力已能和國民黨（加親民黨）抗衡。泛綠黨與泛藍黨各黨間的爭鬥卻一直沒有歇止，南北的意識分裂嚴重，經濟上隨著世界的不景氣，台灣的情況更是雪上加霜。多數政治人物缺乏遠見、魄力與能力，將寶貴的改革時光蹉跎在政治鬥爭中。面對經濟情勢的險峻，朝令夕改、官員輪替速度到隨便的地步。沒有任何政治勢力能統一全民的腳步，使未來的方向更加模糊。沒有機會宣告失敗，因為總是離成功太遠。雖然島內有許多人懷抱理想，但看不清未來的走向，與缺乏改進的能力與環境，人民所要承擔的不良後果是不會使人感到意外的。

民進黨籍的總統與行政院在經過四年多的綠化與資源的接收，在執政黨近兩年可說是掌握了絕佳的政經資源，總統的權力也達到了最高峰，可惜的是這缺乏財經管理人才的政府始終交不出一張亮麗的成績單。國際情勢一直在低檔徘徊起伏。面對強大的中共政權政軍經濟的壓力，與國內各種聲音與利益的衝突，島內持續地內耗，政治化嚴重地扭曲了幾乎所有政治人物的判斷與操守。人民仍懷有過去繁榮時代所作的願景，不願承認夢想已失去了色彩，政府想盡辦法去虛應，甚至製造更多更大更美的夢想，然而現實世界的政府與人民所該做的行動與調整卻總是在得到痛苦教訓後才有些改進。這反覆的政策與人心，不追求真相的社會，誘過鄉愿的朝野，遊蕩在短暫與想像之間。需要多久，政府才會從夢中驚醒振作？磁浮列車會不會等待高鐵載運的乘客？

旁觀者清，泛藍政黨格局較廣，對曾喧騰一時的公投意見感到憂慮，因為在緊張又缺乏溝通管道的兩岸關係下，任何閃失都可能造成誤解，引發不可收拾後果，造成非蓄意的戰爭情況。但因他們缺乏行政資源，並為了黨派一己之私，仍舊熱中於口舌之利與財富的疏通。政壇充斥著有口無耳、有手無足的怪獸。人民即使能長期容忍為政者的謊言，也換不回真心踏實的服務。各類電視叩應節目中倒很忠實地實踐了「一個台灣、各自表述」的精神。多數大眾媒體通常不想被冠上親共的大帽子，部分也想討好執政黨與「主流民意」，更加推波助瀾地助長了公投的聲浪，各種有機會醜化中國的新聞都作擴大報導，已算失寵的執政當局還沒放棄利用媒體來團結民心，一直想加強對各類媒體的控制與影響力。台灣這艘「不沈的航空母艦」上，執政黨沈淪，在野黨也浮不起來。

先後兩任台灣總統分別有「兩國論」與「一邊一國」的公開說法，不僅大大地刺激了中共，也讓美國警覺，隨時防範台灣可能讓美國難以應付的突發狀況。不幸的是台灣人對這類政客媒體長期炒作的議題已感到相當疲乏了，只要中共沒有大動作，大家就不覺得事情會發展到什麼嚴重的地步。人民所關心的主要還是經濟問題，數十萬台灣菁英與中產階級流向大陸，台灣政府無力阻擋人財兩失的情況，只能用各種方式來宣洩不滿，而這些不滿也只能在內部作作宣洩，少數人的不滿帶動了更多人的普遍不滿。

天災人禍不斷，消極的政府但求無大過地苟安著，對未來只有理想口號，沒有計畫方法。太多的矛盾與渾沌不明的定位，方向不清，團結不易，朝野新舊勢力互相掣肘。格局本來就不大的新舊官員們，仍不停地應付著各方來的壓力，治痛而不治病。沒有魄力與缺乏能力，既不能培養人才，更不會虛心接納諫言和跨越意識型態，廣徵國內外的人才。短期在施政上的成果雖漸穩定，但仍是守成不足，開創面上更是進退失據。領導人物私下還念念不忘獨立自主，追求漸進式的臺灣獨立，希望能造成既定事實，能在國際現實的舞臺上享有一席之地，脫掉「中華民國」這個空殼子。臺灣從未脫離華人文化中對強人統治的迷思，也不因政權轉移而有所不同，只是現在會用更富麗堂皇、義正嚴詞的民主包裝紙來包裝。台灣的民主雖已有相當的成就，但背後總是有強人在操弄著，缺乏深刻法治化的民主制度，使原本引以自豪的的民主精神成為「民主的傲慢」與露骨的「金權政治」，在更替的領導階層中盲目或別有用心地被歌頌著。「民主的傲慢」即民主國家的人才算是人，是最上等的人；「金權政治」即大家都有一點兒錢和一張選票，但某些人永遠比其他人更有錢和有勢。治國不同於選美，選美式的民主總是醜陋的。

朝野長期地惡鬥，人民對政治的觀感往往不是過冷就是過熱。在黨派各自堅持所謂的黨格下，誰會甘心屈服呢？過去如此，現在如此，未來也差不多。民主並不保證沒有動盪發生，但若是遊戲規則的規範茶壺沒做好，動盪的風暴就不會只待在茶壺內，而可會潑濺到整個廚房。台灣的民主總統一直想成為全民總統，卻一直未能成功，原因固然很多，主要原因之一是因台灣人民與政黨間的好鬥好賭天性，使自認聰明的人寧可扭曲鑽營，也不願老實地建立起可能對己不力的民主常軌出來。就像是在彎曲的棚架上，長不出正直的爬藤一般。由鬥爭起家的政黨人士，積習總是難改，若真的作改變又常被對手解釋成示弱或認輸的表現，有自斷前程之虞，結果不可謂不嚴重。骨子裡，許多政治人物都只是空談民主之名但缺乏民主之心。缺乏擔當的政府總喜歡拋出難以達成的目標，總是缺乏實作的方法與經驗，疊床架屋、以會養會的結果使政局更加晦暗。雖能緊抓方向盤不放，卻看不清楚路在哪裡，讓人跟著失去方向感與耐性。朝野與人民前進的動能與活力沒有宣洩的出口，只得在內部空轉消耗，強給人戴帽子的文化十分盛行。其中一個主要的話題便是統獨爭議了。

分合爭議

數十年前的國共對抗，把中華民族活生生地撕裂開來，至今尚未能癒合。經過如此久的兩岸分治，發生了許多改變。中國與台灣都有了新面目，過去血海深仇、勢不兩立的敵對勢力至今似乎也想和解了。但兩岸間的地對抗仍持續進行著，這本來是屬於黨派政權間的對抗，在國民黨後期與民進黨執政後，台灣卻想演變成國與國間的對立。而激進提倡獨立建國的團體與個人，仍覺得做得還不夠，希望能推向人民與文化間的對抗，他們認為要完全切斷與中國的臍帶才可能完成台灣獨立建國之大事。不管成功與否，各朝各代在立國時代常會出現一些富有立國理想、塑造神話的英雄人物，台灣從不欠缺這些人物。像是利用「方言土地」意識型態弄出個政治正確的「新台灣人」概念，作為台灣人建立起民族國家的依據磐石，然而卻等不及讓在同一塊土地上共同生活的人民自然地形成一個新民族，於是一個新的神話正在塑造中。在人民交通便利、國籍更換頻仍的當代世界，這套思想無異與時代精神有所扞格。台灣想對世界開放，又要對身邊的中國鎖國，這樣的心態到底矛盾呢？如何建立封閉式的海洋文化？扭曲的環境與歷史下，墮落後的台灣人習慣說一套做另一套，又往往以偏執的態度來謀求生存發展。

統獨兩派站在歷史的關鍵點上努力地拔著河，就不知繩中間那一條紅布條綁在什麼位置上，有沒有人會因而斷臂。

統派人士說獨派擁護者否定自己的歷史與民族，想以移花接木的方式將台灣的歷史來取代中國的歷史，將過去沒有主體性的台灣轉變成國家的政體型態。他們說若沒有所謂「外來政權」與美國的大力支持抵擋住共軍的攻擊，台灣早已赤化，又哪有台灣獨立的機會？若蔣中正當時沒有運來保命的黃金，新台幣如何發行？沒有開始，台灣又如何能有後來發展出來的經濟奇蹟？台獨擁護者還想認美日作父，真是數典忘祖、不知飲水思源的一群。歷史對想另開新局的台獨人士總是個沈重的包袱與枷鎖，總是愛說些「向前看，不要向後看」的話。此話乍聽之下似乎很動聽，但仔細想想，不但老人們不會想如此失憶，強記不偏執的年輕後輩也不會為此所洗腦。否定歷史或只選對自己有利的歷史片段作背情訴求與對下一代的教育內容，難道獨派人士都是從外星來的，在地球上沒有生活過？既然政權轉移繼承了過去歷史的好壞，在樂於接受有利事物的同時，又豈能拒絕承受不利的事物？搞政治本來就不是件輕鬆的事，和平的政治改革也往往是條漫漫長路。台灣能獨立多久？有能力鎖國且自立自強嗎？即使作了永久的中立國，離大陸這麼近，一樣會被侵略攻擊，甚至被併吞。若有強大政權的保護，則會消弭兩岸的持續危險，否則覆巢之下焉有完卵？

獨派人士說統派擁護者否定土地與人民，尤其想與佔多數的台灣本地人口與意志抗衡是不智的。依照人民自覺與民主潮流的進程，統派人士是與中國外來政權同流合污者。過去與中共政權勢不兩立，現在卻反過頭來聯合敵人反噬在危難時救養他們的台灣母親。忘記了台灣先民與歷史的苦難，這些人寧為人之奴才，也不願作自立自主自尊的台灣主人。死抱著過去的不光榮，阻礙未來的光榮進步，故步自封的頑石又如何開創新局？變動獨裁的中共政權如何作台灣的保障？再觀香港回歸中國的結果，即知一國兩制的錯謬與對台灣人民的不利。此外，統派人士也是無視於台灣現實的，海峽已分離超過五十年了，各有不同的領土、國家與政府，從過去以來，使台灣不能自治的延宕原因都是因為外來政權統治下的結果。這些人至今還是不能認同這塊土地與人民共同打拼出來的成果，竟要拱手讓給別人，真是吃裡扒外。現實的中華民國領土僅及於台澎金馬，泛藍人士不要妄想還能包含大陸、蒙古。以美日為靠山並無不好，總比依靠中國要來得安全民主，台灣人民應獨立自強。要不是當初的「外來政權」，台灣人民早就能享受民主自主的幸福了，不會在受惡房客的欺負。不要唱衰台灣，作中國的應聲蟲。獨派人物對人民僅有國家的意識，卻無建國意志而憂心重重，處心積慮地希望能在最短期的時間內全方位地提升台灣獨立自主的意識。

許多人認為用「中華民國」的名稱走不出去，「台灣」的名聲比較響亮，又符合外國人的認知。然而，明眼人都知道台灣加入聯合國不僅是困難重重，幾乎可說是個遙不可及的妄想，最多是作個觀察員而已。有中國不斷地打壓又怎麼會成功呢？這些人還強調「六四事件」時，中共政權對人民民主呼求的反應是多麼激烈，未來還會不會鎮壓所有向西方傾斜的社運？多半這類聲音代表的是台獨的基本教義派，想與中國周旋到底。卻也另有些人樂觀地等待中國民主化與經濟興盛後，兩岸自然就可談統一了，其中不乏失去權位的統派支持者。

人民心中有這類獨立的希望，本是無可厚非的，因為大家都不願相信更壞的事物會發生在他們身上，在慶祝自主性的吶喊與逃避現實的畏縮心態中漸漸地大家接受各種可以樂觀的假相催眠，不管有多短暫，而健忘與不斷追求新鮮快感新聞的民心就像臺灣的河川般，又短又急。眾多學者們的批判精神已死，紛紛淪為象牙塔的批判者、要糖吃的批判者、沒人理的批判者，然而最重要的在位者卻成了自我批判的逃兵。太厚的面子，太大的位子，也頂著太重的帽子了。抬轎者們總有過多的期待，而下棋的人跨不過現實的楚河漢界。人民的政治惰性與政治人物的搖擺助長了上樑的歪斜，而這些上樑本身的偏差、短視與善變也造成風行草偃、上行下效的惡果。

多數的台灣人傾向不獨立與不挑釁的策略，認為應該努力地加強兩岸的經濟相關性與獨特性，設法導引中國認清與承認台灣的自主地位。過去曾提及強化台灣本身競爭力的口號可說是不絕於耳，但如何強化的方法則多付諸闕如。眾人也知道不應作超過自己能做之事，加強臺灣的整體感，化解黨政與族群的內部對立，中國化與世界化並行，享有對外採購武器的自由。島民希望能爭取到在大陸開發的優先權，同時又要世界來背書並監督中國的行事，在WTO中將中國漸漸融入世界主流價值中。台灣努力推銷西式民主，希望能爭取美國輿論，尤其是保守右派人物的認同，希望美國作自己永久的安全靠山。

心中時常矛盾的台灣人並不因政黨輪替而有太大的改變，台灣島還是一樣大，擁擠的人群中，還是碰撞不斷。一方面，台灣人想與世界接軌，在態度上應是開放前衛的，然而，中國大陸是最方便鄰近、也是充滿希望的窗口；但台灣人又想獨立，自己當家作主，這種態度是封閉保守的。政策開放太過則難以團結，凝聚同舟共濟的共識；而限制太多則無異故步自封，自斷生路。政治、經濟、文化都充斥著各種對立與矛盾。不管台灣願不願意，她與大陸的關係只會越來越密切，以拖待變只是鴕鳥心態與阿Q心理。過份樂觀或悲觀固然不宜，遮眼不觀尤不可取。過久的悲情會使人痲痺和愚昧，把眼蒙蔽也不能填平面前的深淵。有權力的人缺乏智慧，有智慧的人缺乏權力。一言以蔽之，兩岸的發展充滿著種種變數。

統獨問題雖對許多聽得太多的人越來越失去其挑逗分化的能力，但因台灣頻繁的政治選舉生態，這類議題總是被不同黨派、候選人和政客們不斷地提起。兩大巨石相磨不已，台灣寶島也漸被磨成一盤散沙。除了各類街頭抗議的遊行外，大概只有在選舉時才可以明顯地看到民間的團結。

選舉

小老百姓的飯碗可以不管，選舉的激情可不能忘。在各類政治選舉時，台灣的政治人物中似乎永遠都不乏有挑動統獨省籍情節者。上至總統，下至鄉里幹事皆然。好不容易，台灣四年一回的總統選舉又到了，以打選戰見長的民進黨的政府想繼續當家，全台沸騰，早已躍躍欲試的各黨派都在摩拳擦掌。雖然統獨省籍是政治人物的禁忌，但總是有人甘冒不諱，在其中大作文章。畢竟總統選舉是台灣最大的選舉，各陣營會使出各種明暗招數以求勝選。稍早的直轄市選舉結果讓綠色政府深感危機意識，嚴防泛藍軍的反撲。一任的總統任期過半未久，各方人馬就已開始爭奪新任總統的寶座。迫不及待看下一場戲的人，並不要求有好的劇本和導演，只要演員演得夠辣夠刺激就好。

2003 年下半年總統選舉的訴求可說是五花八門，綠營在面對對岸強大威脅下，總愛強調人民自主與中共政權的不可信任，全民公投的聲時有所聞。支持的人群拿出過去總統在 2002 年八月初曾支持公投的話，台灣島內南北政治造勢串連的活動不絕於途。政府還努力地用階段性的重大司法案件來提振民心並期望能提升自己候選人的形象。泛藍軍引用大三通的情況來批評政府，其中許多人對中共政權抱有相當不實際的想法。政府則盡量將不通、難通的責任轉嫁給大陸政府和在野黨，不敢得罪綠營與中間選民，並用總統曾對內外作過的諸多宣示，如「四不一沒有」來拉攏各派人心。其中遇到相互矛盾的內容時，執政黨有人評論那是因為不同時空與角色才會有不同的說法，人民應向前看，以新的發展為根據；在野黨則反唇相譏說這位少數總統搖擺不定，見人說人話，見鬼說鬼話，毫無誠信可言，玩弄選民與台灣兩千多萬人民的前途。綠營的偏狹與藍營的不甘心，內部權力與利益的爭奪拖著台灣這艘「航空母艦」向下沈淪。

台灣島外的僑民又是如何地看待這些變動情況呢？放眼海外的世界，兩岸的華僑長久原已對立，民進黨執政後雙方陣營更是被尖銳地劃分開來。對海外多數的老僑而言，維持一個中國要比打倒共產政權更為重要，而不能接受台灣只顧著偏安與想分離的主張。若以人民、土地、政府、主權來解析僑民的愛國意識，則可避免陷入打文字混戰或各說各話、流於為單方宣傳的陷阱中。多數老僑不同於主張台獨者主要是他們的立意基礎是建在血濃於水的民族性上，不管是從大江南北或海峽兩岸出國的各省各族人民，大家都屬於大中華民族，所以他們傾向統派是可以理解的。而主張獨立者則想脫離這個大中華民族，想以「人工」的方式締造一個「新民族」。甚至有台灣的學者想用人種基因來撇清台灣人與大陸人的關係，就算分得清楚，也只能說像是黃帝與蚩尤是屬於不同的部落，仍不能切斷台灣與中國南方人同源、多數台灣人都是從大陸渡海來的事實。後來又有國外人士發起全球性的研究，結果認為兩岸人民的遠古祖先都可追溯到東非，本屬同一家人。

台灣獨立人士想以數年任期所主導的政府，用修憲或公投等方式來更改國號與憲法所訂的領土範圍，造成既定現實，其困難度是相當高的。長久以來，兩岸人民雖處在不同的政權下，但兩岸人民間的關聯隨著開放、歷史血緣、文化的關聯是不易被不同政權間的仇恨所切割的。政權是短暫的，國家比政權更為長久，而民族又比國家朝代更為久長。不同人有優先次序不同的最根本之觀念，檯面上的分合常只是表象，數十年前來台的外省人將他們與大陸的關連情感擺第一，而已先到數百年的中華民族後裔則把自立更生的政治經濟看得更為重要。若看清此，則面對一位過去反共與今日親共的人，除了「變節」行為這類的表面解釋外，也可看到這些人的內在仍是本著一些堅定不移的根本信念。即使同屬同一個民族當然也可以組成不同的國家，接著就要看看台灣獨立成功機率如何的問題了。

眾所關心的問題是台灣獨立的機會究竟有多少？從原動力、助力與阻力三方面來說：島內人民的意願還不足以到達台澎金馬全民一心的地步，事實上是嚴重的分岐著，獨立的動力一分為二，可說是原動力不足。以地理特色來塑造生命共同體的作法雖行之有年，然此一直都還是在推廣當中，離成功尚遠。助力方面如美日等外國的支持程度，全靠美國是靠不住的。在利害關係上，美日實以台灣為棋子，這類的助力其實是有限度的，加上台灣與外國的聯盟與軍事合作關係幾付闕如。即使外國想幫助，在急難時能發揮多少幫助，仍是個大問號？兩岸的地理位置距離與屏障在幾十年前的武器水準還多少有些阻隔能力，然而武器發展至今，過去的海峽保障優勢也漸漸減弱，不再是難以跨越的鴻溝。台灣海峽畢竟沒有大西洋那麼寬，台灣島也沒有美國獨立十三州的領土大，即使想作美國的第五十一州也嫌太遠。另外，台灣在資源上也相當地匱乏，不靠對外貿易、進出口時，經濟以至民生需求是很難滿足的。兩百餘年前的美國獨立在艱難奮鬥中最後成功了，但台灣呢？台灣若想在太平洋兩岸對峙中久安存活，但是也沒有小到或不重要到兩大勢力覺得是無關緊要的程度，所以夾在兩大巨輪間，焉有不被撞擊的道理。台灣爭的是更加重要的國家角色與形象，但可有「四兩撥千金」的功夫與身段？台灣人民多想維持現狀，但這現狀卻不是穩定的。就算是獨立了，能否長治久安也是個問題，世界各國承認與否又是個問題。不管是誰當家的大陸政權豈會甘心嗎？失去外蒙，還要失去台灣，甚至連帶地失去西藏、新疆？兩岸兩國的永久和平是不是獨派人士的幻想？還是會使台灣海峽陷入永無寧日的開始？獨立的代價是什麼？以這代的犧牲換來的是永久對抗與不安，還是空中樓閣式的和平繁榮？空有理想卻無視於現實者是不能成就的。台灣想學東帝汶從印尼中獨立出來，將是條窒礙難行之路。主張台獨者受限於現實而必須暫時妥協，但仍心有不甘。還有人提出意見，希望能師法法國的情形，建立出一個中華民國「第二共和」。綜合上述的說法，台灣獨立的機會真的不是很大。

過去的兩岸關係若以邏輯集合論的觀念來解讀，兩者可說是「交集」的，兩集合的內涵各別是中國大陸或台澎金馬，而兩者之外延則同屬一個集合內容，不管兩岸人民稱自己為「中華人民共和國」或「中華民國」（當然在聯合國中，中華人民共和國宣稱「中華民國」早已被其所取代和滅亡，成了歷史名詞）。後來獨派的「正名」呼聲卻捨棄這種分別方式，採取「無交集」式的劃分，即以台澎金馬之為國家的外延與內涵大小都是相同的，如此打破了兩岸過去的「共識」，新政權極力想擺脫歷史的牽絆，一切重新出發，自認不必對大陸負有統一的責任與義務。但這對另一集合而言卻是一種片面「嚴重毀約」的行為，因為台灣新政權並未概括承受舊政權的種種，對原來的外延無異是一種剝削破壞，此實難以能被強大的另一方所接受。此又像是個婚約的例子：即使在生活上雙方勢如水火，但離婚協議未成之前，不管哪一方整型或改名，雙方還是有夫妻的義務。如果是弱小的一方想離婚，困難度自然就更高了。台灣綠色政治人物以結婚必須是男歡女愛才行，以此作拒絕中國的例子其實是有盲點的，因為論述者把歷史關係完全切斷，把兩岸看作是本無瓜葛的兩個個體，像是自己從未結過婚一樣，自己像是從外星來的，與大陸沒有什麼血緣、文化、語文關係，借著過去的殼(還是有婚約的殼)，將血肉完全改過來。支持的人說那些都是過去外來政黨的問題，新的民選本土政黨已推翻了外來政權，並可有自己的路線與作為，這種說法表面上看來像似非常合理，也相當地民主。他們還要求另一集團作相對的放棄，台灣放棄對中國的不實主權，也希望大陸方面放棄對台灣主權的說法。這種邀請，若對方不同意，那紙婚約就還是有效的，即使這項婚約是個很大的孽緣。這婚約，就算是某方與第三者發生通姦的情況也改變不了。當然，(世界) 法庭也可判大陸家暴而判決離婚成立，但台灣方面能請得動多好的律師來打這場官司？大陸又能買通多少陪審團的成員？而且在脫殼時將是最危險的。

歷史的尷尬在此顯露無遺，近代史上的台灣並未曾真正地「脫離過」中國(除了日本殖民的那一段時期)，二戰結束，暫且不論過去台籍人士對大陸遷來國民政府的不滿與失望，若戰後的台灣人把大陸政權看作是「外來政權」之類的解釋，即使在日人撤走後沒有中央政府，也應像過去唐景松與劉永福一樣公開集體反抗從南京輾轉前來的外國入侵武力，但歷史並非如此（二二八事件不是這種原因），台灣人民本來是歡迎大陸來的蔣軍，希望在戰後重回中華民族政府的懷抱，更缺少後來黨外人士以不同時代的眼光來形容的所謂民主意識，日本殖民者是不會灌輸台灣人民民主的觀念的，而當初台灣的地位與歸屬也不像琉球一般被外國所託管。除了少數外國勢力影響下的早期獨派人士外，人民也普遍沒有所謂「台灣做為一個國家」的觀念。過去國民黨政權是來自大陸，民進黨上台後礙於現實與其他政黨的壓力，不敢接受單方毀婚的挨打後果，又難以更改過去的國名、國號與憲法，正當地從過去的歷史包袱中脫離出來。失勢的泛藍政黨則轉而另覓舞台，表面上台灣的在野黨是由早期的反共轉為親共以壯大自己，實際上有志之士是想保留政權的對抗模式，避免它升高成為國家對抗的層面，看著時事的良性轉變，對過去的敵人採取可發展為朋友的策略。執政黨與支持者表面是想與中國和好，內心裡則是排斥拒絕的。各政黨都有分裂的黨格，說話時總是撿好聽的來說，行動時總是口口聲聲說是為台澎金馬兩千多萬人民的福祉在打拼；談到政治時，只看到自己黨派的利益。政治人物在不同黨派黨性中遊走，各說自己選民喜歡聽的話，久而久之，也就見怪不怪了。兩岸談不攏的結果導致武力解決的可能性升高，以「天下我家」為幾任的人一多，這種危險就顯得更真實了。

不同於一些過度理想化或因個人的政治立場而發表的所謂學者專家或紅頂本土人士，憂國憂民之士應著眼如何避免大禍臨頭的危機，當政者與為民的人都應戮力精進，放下口號與粉飾太平，也就是要把伸到螞蟻沙丘內看螞蟻打架、鬧緋聞的一群鴕鳥頭給拔出來！民進黨政府不是沒有機會或能力把國家弄好，但先天不足，後天又不夠努力，難道是在等天上掉下來的禮物嗎？許多人即使有能看清楚現實的眼睛，卻總是想待在閉著眼的夢想中陶醉。

至今仍可努力的領導方向有：化解族群對立，從國家領導人以下都放下身段，犧牲自我，不考慮連任高位等政治利害問題，廣招人才諫言，打破政黨藩籬，真正做到政黨和解，和衷共濟，以卓越的領導在朝野各政黨中脫穎而出。務實不虛，放棄短線操作、作秀心態與口水戰，全力專心處理分內的事物，在體制內發揮最大效能，有突破政經牽絆包袱的勇氣，重新建立政府領導聲譽，找出國家方向。擱置統獨議題，停止漸獨建國的內外動作，促進大眾媒體自覺而非限制，努力凝聚而非塑造全民共識。不挑釁對岸，保持在大國間的平衡，善用外交資源與籌碼，主動以各種動作向中國示好，但仍強調自己的應有尊嚴，並積極暗中強化自己的力量與添加可用的籌碼與彈性，俾使中國無犯台的藉口與必要，防範中國武力的威脅，團結衛國保民的全民意志。集中力量處理經濟問題，把握現有經濟技術人員尚存的優勢，抓出提振經濟的方案，加強金融控管與防範金融罪犯，抓大放小，重建人民信心。增加兩岸互信與交流，強調互惠的精神，即使承受相當的屈辱，也要全力避戰。即使困難度極高，若只把上面所說的當妄想，以為這是痴人說夢而不做，或當好聽的口號，認為太晚、太難做之無用，則台灣之命運危矣，當與下面所述若合符節。歷史的演變雖然極其複雜，也不應過度簡單化，但多有脈絡可循，若不能當機力挽狂瀾，坐失所剩無幾的良機，則結果也往往是難逃「宿命」

的。

領導政府之外，台灣人民更需要有一番重大的心態與行為調整，不再鼓勵偏差與內耗的行為，能夠共體時艱，捐棄前隙，認清危機，並能發掘真正的轉機，強力監督國家機器與各政黨與媒體，在全體人民最大的政治公約數下努力再站起來。

軍事──(M1-1)

鬧窮的世界各國領袖在無力改善國內經濟困境時，常會使出各種方法轉移人民對他們不滿的注意力，美國總統與其過去作過總統的父親，對經濟都不擅長，倒是十分熱中外交與軍事上的成就。作為世界最大的武器輸出國，美國想利用戰爭刺激本國經濟的作法也越來越明顯。

在財政負擔沈重的台灣政府，若以不斷縮水的百餘億國防預算想購買美國製的昂貴精密武器，也因缺錢而多流於紙上談兵。這對武器自製率相當低、建軍經費日益縮減與飽受軍售醜聞破壞信譽的台灣軍方而言，早已拉起了警報。台灣軍方雖明知海峽均勢在可預見的未來將會失衡，但總有回天乏力之感（部分人士要求獨立的急迫性也更有強烈正當的理由了）。缺錢時，所直接影響的是軍人的武器品質與士氣，關係不可謂不大。台灣「有效嚇阻，防衛固守」的戰略方針也面臨著強大的挑戰。雖然已國家化的軍隊，但「為誰而戰，為何而戰」的老問號仍是揮之不去的，各黨派勢力的角逐與國家的認同問題總是糾纏不清。美國還對台灣不積極更新武器感到憂心與不諒解。若台灣都不為自己打算，想依賴美國，美國人又何必要為台灣犧牲呢？華府仍在觀察台灣能否獨立抗敵撐過二週，甚至半年以上，不僅是「能不能」，還要看「願不願」的問題，而不是在中國突襲下，數天內就投降了。若台灣很快投降，美國武力也將無用武之地。美國也擔心台灣在打不過時會「出賣」美國，以換取自己的利益。美國與台灣當局的戰略當然有差別，沒有跨國聯合軍演經驗的台灣如何在急迫時與美軍協防？戰略衝突時又該聽誰的？還有個大問題是：台灣在美國的全球戰略地位是否也變得越來越不重要了？

台軍在全台澎金馬劃分了六個戰區，39 個獨立旅，軍事專業常被政治手段所犧牲。但二代兵力的建置也被中國快速的軍事更新所抵銷；又台灣實施的替代役男制度，引發很多不公平的批評，撕裂著義務役青年們的從軍意願與情感士氣。

強敵中共除了在海峽部署數百枚短程飛彈外，並針對敵我情勢強化打一場不對稱戰爭之準備。解放軍在半神秘的軍事預算下大力推展研發先進的武器與秘密武器，並不斷向外國購買先進武器與要求技術的移轉，各類仿造整合外國人的武器隨處可見。

台灣早有人意識到中共不會因自己處於軍事劣勢就不發動戰爭。如對俄的珍寶島事件，與懲越戰爭都是例子。所以軍事優勢未必能嚇阻中共的決定。今日，許多中國人自信他們的不對稱戰法會取得戰爭的最後勝利。

政治——(P1–2)

台灣對岸的中國政情發展又如何呢？2002年11月的中國第十六次人大會，本來應是國家主席交班的時機，面對先前台灣作的外交大動作，中共為了內部權力鬥爭，政治人物不願出差錯而給政敵抓出小辮子，加上美國的反應與中國領導人將出訪美國的情況下，中共政權隱忍不對台灣做什麼大動作。但這次人大會仍留下了許多變數，權力班底並未穩固，已有人開始擔心會出現兩個權力中心的動盪。各方新舊人馬仍汲汲於卡位，本來的國家主席與主要的領導班底雖釋放了檯面上黨政軍權力，整體政局仍在新舊交替之際，以過去的經驗通常需要數年的時間才能平穩地完成過渡。較年輕的新人政治裡，雖然領導者們見多識廣、謹慎、有彈性且著重安定，但為政的經驗與人脈畢竟不足。在2003年3月交接後，新班底享有蜜月期，接踵而至的一些內外問題與挑戰。新的「國家安全會議」討論合併國家主席與國家軍委主席的職掌，政治上向總統制的方向轉變，高層人士的私下爭奪仍然劇烈。第三代領導人與第四代領導人的觀念有相當多歧異，新一代較務實的領導在接班與自主性越來越明顯時，舊一代的領導者也漸退居幕後沉潛。軍方的態度仍有鷹鴿兩派，他們與較溫和的新一代技術官僚接班人仍有相當的磨合期。新時代的巨變的世局並沒有給新人太多磨練與嘗試錯誤的時間，舊領導不認為新領導能夠撐下來而不願退下。對中國而言，真是相當地時運不濟。

宗教──(R1-1)

現實的不滿足，常讓人心轉向其他不同的領域以尋求慰藉。人心除了政經等世俗活動之外，往往還有更深層次的追求，那就是「即內在、即超越」的心動──宗教。台灣的宗教發展整體而言也有世俗化、政治化的情況，傾向物質外爍。人心流變快速，宗教人物急於號召吸納廣大的信眾響應，益精於企業化的管理、包裝與行銷，流於媚俗，耽於名聞利養，缺乏自省，理想淪喪，流風所及，盲師輩出，信徒淪喪。宗教團體注重本身的存在茁壯遠勝過對信眾的關懷與導正。雖在社會救濟上有相當大的進步，這個百花爭鳴，舌燦蓮花的時代，可惜人空有眼耳口舌，獨缺真心，作態包裝的墮落宗教越廣傳而人心越黯淡。拜快速的資訊傳播之賜，往往使錯謬傳得比正道還要多、還要廣、還要深。人與人間，各教派間習慣於利用機會互相攻訐抹黑，掩蓋了相互欣賞與尊重的聲音，等而下之者，騙財騙色之徒可說是時有所聞。另外，大陸方面普遍對宗教壓抑與政治化的情況依舊。而世界的各大宗教間彼此的誤解、衝突與惡化更隨著政經衰弱的社會國家與困惑迷失、墮落仇恨的人心加倍地發酸發臭下去。

其他—(01-1)

台灣社會裡，老人活在不知所措的擁擠世界，成人活在不知所從的爭奪世界，青年人活在不知所在的虛擬世界，幼年人活在不知所以的教育世界。電玩小子們打開一個個電腦模擬的遊戲世界，有可以死上千百回的血肉和無病呻吟的吶喊哭嚎，然而玩家分裂的經驗與誇張的想像世界卻抵不過當機與斷線的衝擊，當機與斷線才是真實人生的切身感覺，並能刺激人思索自己存在的意義。街上到處都是高學歷的失業人、吃錯藥的人、搶孕婦老人的盜匪，國家與社會的發展竟是如此地不堪。少見的清流一入濁水，還是濁水。

不幸的時代裡，中歐還發生百年才得一見的大水災，恢復工作緩慢且昂貴。同期的中國南方長江也有大水，災情慘重，敲響了一次又一次的警鐘。

對詭譎多變的世局，神秘莫測的未來一直吸引著人類的與生俱來的強烈好奇心。台灣坊間充斥著許多大大小小的預言，但各家解釋各有不同，反正多是茶餘飯後的閒聊內容，此時陸續出現一些嚴肅且全面性的警告聲音，如本土的聖經密碼研究。一些警告者的預言認定統一是最後的結局，不過也有提倡獨立仍有希望的說法出來抗衡。人民仍是各信其所樂信的解釋，且多數仍是不是很認真地對待這些警訊。反正有時間認真研究的人本來就不太多，聽聽就算了。然而缺少認真研究的結果，往往讓謠言比預言更有滋生擴大流行的機會，結果不言可喻。執政政府除了要人民不要迷信外，也很想相信對自己有利的預言內容，並喜歡把統一結局的說法說成是中共政權的統戰。執政的人早已習慣這類「狼來了」的故事，說過去有人曾預測些什麼，結果還不都「槓龜」了嗎？老神在在的當權者對這類似曾相識的說法好像已經「免疫」。寧願相信兩岸關係在未來會變得更好，中共終究能接受一邊一國的事實，與台灣人民和好相處。

有真當然也有假，不可否認的是許多預言後來都成了謠言，造成許多錯誤的預期心理，影響的範圍與層次甚巨。而認真研究預言的人能比投機盲信的人更容易把持方向和減少錯誤到最低。未來如何的答案在人是否還能左右未來之中。

（本書是完整預言研究的首部曲，目的首在於警告，聽從警告的有福了，不聽警告者即是參與造成不幸未來的直接元兇或間接幫兇，讓這些不幸的未來不幸地言中了）

帥
卒

第二章　後災無蔽　2005

台灣獨立公投流產，台灣當局強烈追求獨立，中國檄文備戰。外國強權觀望。對立升高，爆發海峽衝突；台灣率先動武，中國大力攻擊，武力突擊台灣，戰事慘烈。山海有大火，大劫數，興衰有時

《金陵塔碑文》《武侯百年乩其二》《劉竹村牧師所見異象》《易經卜卦一則》《網路流傳的預言》《聖經密碼安德等》《網路佛友》

台灣總統遇刺

《聖經密碼安德等》

中日沖繩琉球海戰

《聖經密碼安德等》《劉竹村牧師所見異象》

強權調停，臺灣投降談判

《易經卜卦一則》《網路流傳的預言》

台灣出現難民逃亡潮

《劉竹村牧師所見異象》

中國在西方軍的陝北基地開慶功宴，出鋒頭的多是老人

《武侯百年乩其二》

中國強大，戰後有一波投資高潮。美國勢力在全球衰退，政軍經失利，其與基督教白人勢力稍退，但為暫時與表面的。南洋海島諸國對台灣移民的態度轉變

《劉竹村牧師所見異象》

政治──(P2-1)

以美國為首的一些國家認定伊拉克藏有大規模的生化武器，不顧聯合國的反對，執意攻擊伊拉克，欲除其總統海珊而後快，爆發了新的波灣戰爭。在為期不算久的戰爭中，美英聯軍勢如破竹，然而戰後的問題才

剛開始。龐大的戰爭開銷需要參戰國追加戰費，除了花費千億美元之外，美國在戰爭與戰後的總死亡人數也超過一千人，美軍投入了九個師，並想調其他地區的駐外部隊來支援維持伊拉克的戰後秩序，他國的維和部隊也陸續投入該地區。美英陷入戰後的伊拉克泥沼中，難以自拔，一度曾有27萬人在伊拉克部署，仍不見任務完成的一天。海珊躲藏了一段相當久的時間，最後還是被人出賣而被捕。既使在佔領伊拉克後，聯軍遍尋各地，仍找不到大規模殺傷武器的蹤影，除了美情報單位灰頭土臉之外，也讓這場戰爭成了對邪惡者的不義之戰。

美國因遲遲不能解決伊拉克的問題，所發生的虐囚暴行事件也反應出其士兵在海外的氣餒與焦躁。他們還在戰爭中用了比過去波灣戰爭六倍的貧鈾彈，所造成的後果或許一時並不顯著，但無疑將會是另一個嚴重的問題。

以賓拉登為首的蓋達恐怖組織與其他類似的恐怖組織為了長期與外國入侵勢力周旋，不惜挑戰世界的秩序，要在阿拉伯半島的「清洗異教徒」，以斬首、拖屍遊街、層出不窮的爆炸事件與破壞石油管線等恐怖行動威脅著美國或親美的國家，例如馬德里的大爆炸，死亡者就將近有兩百人，各國不時有事故與悲劇傳出來。深仇大恨使復仇者的殺戮不分軍民內外，一如美英聯軍的炸彈一般，同樣地也不會區分青紅皂白。這些地下組織的成員後來更殺紅了眼，手段倍加兇殘。

2004/6/28 美國進行了將控制權歸還給伊拉克人民政權的簡單儀式，但仍以親西方的人來主政，而不受歡迎的程度也可想而知。伊國人民，普遍而言，並不對美國有太多的信任與感謝，民族、宗教與戰爭讓他們排斥美國的影響，尤其是美國還是未改變她對阿拉伯世界的偏見與偏頗的做法，美式價值觀也無法出現美國人一廂情願的施行後果，反而被視為伊拉克境內一切動亂與不幸的始作俑者。即使是後來對海珊的大審，也只有象徵性的意義。在西方勢力的壓力下，新政府為了應付層出不窮的動亂與不安，恢復了舊酷刑的戒嚴令，但這類以暴止暴的結果卻是更殘暴與持續的血腥。美式的民主之花終究還是無法在半島的沙漠風沙裡存活。

回到東方來。2004年台灣總統的選舉，這次中國高層顯得異常低調，多數人原本看好泛藍候選人的出線，但選舉的結果卻因兩顆暗殺元首與副元首的子彈而出現大逆轉。引發全國，甚至世界的震撼，選完後不到三萬票差距的結果，讓過去泛藍遭遇了重大的挫敗，聚眾遊行抗爭，兩方陣營也愈加分裂。長久以來，台灣政治與媒體都會重視所謂的「中間選民」，但各種論壇總是缺乏中立者說話的空間，好像沒有爭吵與爭奪，就沒有了政治的熱情與票房。勝選者的支持群眾將總統大選結果解釋為「天佑台灣」，而失意的泛藍支持者則在懷疑、抗爭與苦悶中，不停地要求驗票與追緝元兇。無奈綠營祭出拖字訣，藍軍的種種作為也顯得無力，甚至失焦。5/20日，新任總統在眾所矚目之下，四平八穩地發表了符合美國期待的就職演說，然而中國的反應則一點兒也不讓人意外，仍是反對、攻訐。選後，綠營忙著酬庸與還債，藍營則忙於指責與調整，至於那些只靠嘴巴吃飯的政界與媒體人也有一些開始跟著新風向來調整腳步。而驗票問題與驗槍結果如何？就像拉法葉艦懸案一般，成為政爭奪利的祭品，最後失去了追尋真相與新聞炒作的價值。

年底的立委選舉又是另一場藍綠政黨的爭奪戰，許多人原先並不看好泛藍整體的選情，但結果卻有相當的意外。台灣立法委員的選舉泛藍響有一半席次，藍綠似乎又都難以完全掌控國會。辭去黨主席身份的總統在這種情況下，更可能為了政權的穩固壯大去挺而走險，制憲與建國的呼聲因中國「反分裂」的舉動與兩岸緊張的情勢將再沸騰起來。本土化遭逢來自內外壓力的困境，台灣的處境其實是「能吃到的越來越少，但所畫的餅卻越畫越大」。台灣獨立的氣候儼然成形，更肆無忌憚地壓迫在野黨與剷除路上大大小小的石頭。建國的理想似乎就只欠東風，狂熱的獨立份子不再耐心地等待機會，而是要創造機會，一舉完全切斷與大陸糾纏不清的臍帶。在不佳的經濟與社會環境下，政府急需轉移人民不滿的心理，炒作政治議題是最廉價的替代品。領導者似乎還認為出錢就能讓老美閉嘴，出嘴就可以讓老共氣結。然而這場豪賭，究竟是誰在作莊？又有誰是真正的贏家？

大陸忽略台灣的民主主義與台灣忽略大陸的民族主義，真像一對有兩個腦袋的連體兄弟，可惜心不連心，卻要時時提防「另一人」會揮拳來打自己。預言者再言之鑿鑿，有權勢者與近身謀士仍聽之渺渺。若人真能認真對待預言，不全視為旁門左道，才可能有機會避開預言所說的危機。

大陸對台灣立委的選舉結果當然是不滿的，各種打壓威嚇的動作越顯得頻繁，兩岸的關係也越加嚴峻，牽連所及，兩岸之間的台商被中國刻意地區分為藍、綠、紅色，經營淪落到更尷尬與困難的地步。在朝野有爭議的和解後，泛藍又搭上了中國來增強自己的力道，過去敵友的界線暫時變得模糊。

2004/11 的美國總統大選，原本在不義之戰與國內經濟不振陰影下的小布希，又再一次驚險地擊敗他的民主黨對手，獲得連任，過程頗似台灣的總統選舉結果。與台灣類似的情況，這次不是天佑美國，反而是讓他有機會犯下更多的錯誤。

軍事──(M2–1)

面對失衡的兩岸情勢，台灣軍方有大手筆購買軍備的計畫。初估需要 6108 億的軍購，其中包括許多潛艦、反潛機與愛國者三型改良式防空飛彈等，這預算案在人民中引發不少的反對聲浪，有人認為緩不濟急，有人不願當凱子給美國來削，即不願用高價來買不實用的武器，有人更直言這是政府討好美國與軍火商的作法。經過一番爭論後，美方多少也願意降價來平息眾怒。眼前兩岸武力失衡的數年空窗期，仍將是台灣最危險的時候。美國雖然在兩方施壓，不希望見到任何一方錯估形勢，走向戰爭。但兩岸關係已勢同走鋼索般的危險，即使在此危急之秋，許多國外政軍專家甚至比普遍的國人還要著急。台灣全民忙於內鬥、缺乏心防，坐視有權勢者翻雲覆雨，違法亂紀，終將付出痛苦的代價。

2004/4 台灣成立飛彈司令部，來集中統管各類型的飛彈。甚至有人放話要炸毀三峽大壩與上海做為對抗中國的動武方式，另外也有製造核武，作恐怖平衡的說法。中共對台灣的嗆聲，自然也不甘示弱，在接近台灣的東山島舉行大規模的軍事演習，以奪取澎湖為作戰模擬的目標，並操演爭奪電磁戰與制空權的戰法。兩方的軍事角力可說是方興未艾。美國在同時期也舉行全球的同步軍演，時機相當敏感。

鄰國日本在美伊戰後，也首次派遣其國際維和部隊到伊境。2004/5 日本國會又通過了七項戰爭有事應急法案。允許日本作美軍的後勤支援，保護、撤僑，並可以在國家的周邊海域檢查船隻等。日本政府計畫部署數千人來進行維和、反恐與飛彈防禦的任務，並在琉球投入數千名駐軍。美國也有在 2007 年在日本部署陸基飛彈防禦系統的計畫。似乎他們也意識到「山雨欲來風滿樓」的現象。

北韓的情況仍讓美國頭痛，其獨裁的領導人仍是美國的眼中釘。雖然美國希望駐南韓美軍能擔負起整個東亞情勢的平衡，但南韓希望有自主的國防，且反美的情緒由來已久，南北韓的政府也各有盤算，很難盡如美國之意，加壓太過反易招致更大的反彈。

另外，俄國在北約東進後，不免要直接地面對歐洲的武力，在軍力消長之下，她嘗試加強與歐洲強國的關係，並在日益困難的軍備上，計畫將許多老舊的核子潛艇除役，以節省開銷。俄國雖對中國仍有許多軍售，但對中共的軍事發展仍存忌憚，並曾在中俄邊境舉行大規模的軍演。當局繼續與美國保持相當程度上的友好關係。

經濟—(E2–1)

2003/7–2004/4 左右，台灣的經濟與大陸日益密切地關連，與其他國家地區的經濟活動卻有消退之象。此為發生在兩岸緊張與戰爭前約一年半的通商熱絡階段。許多台灣菁英出走大陸，並取得了相當的利益與地位。此時期台灣的外貿順差大部分要歸功於台商在大陸的打拼，但實際的獲益要比帳面上的數字差得多。

2004/5–2005/2 新總統任期開始後，因為中東產油國家零星的政爭與戰爭，導致國際油價與廣受油價影響的物價波動，台灣對內對外的貿易整體仍會下降，外銷尤其顯著，但還不致於影響台灣經濟的命脈。股市常在五、六千點徘徊，放眼長期，似無太大的起色。

隨著兩岸關係的倒退，大陸對台商有越來越多的不利動作，初期是針對挺綠的商人與藝人，後來更廣泛地針對公開表態或暗中支持台獨的公司或個人，陸續將他們貼上拒絕往來的標籤。大陸約有三分之一的勢力拒絕與排斥台灣的投資者，台灣也有許多人反對陸資，但還是有許多人不願放棄大陸的龐大市場，繼續往大陸投資。本來認為可以緩步上揚的世界經濟又突然開始不景氣，戰爭的陰影造成股市大跌，並且吹起了蕭條淒涼的蕭聲。

政治——(P2–2)

中東紛亂，以巴衝突仍舊不斷，而全球恐怖份子的活動並不因為各國的撻伐而有所收斂，並在世界各地流竄，進行各種串連，亞洲繼美歐之後成了恐怖份子活躍之所。在美日關係親密架構與美日想保護他們在亞洲的利益之下，基地組織針對他們在亞洲進行另一場秘密的鬥爭，而且越演越烈。最後，恐怖份子竟將腦筋動到日本天皇，謀刺日皇，舉世震撼。日本多逢災禍，產生極大的轉變，政府不論對內或對外顯得越來越強硬，強大的危機意識引發人民自保與擴軍的意願。在多國積極緝凶之下，終於在孟買捕獲賓拉登，並將之殺害，恐怖活動至此稍有收斂，但仇恨仍然繼續延燒，阿拉伯世界的怒火仍需找到宣洩的出口，且再爆發時，將不會是廣泛零星式的，而會轉成整體區域性的強烈釋放。

回到台灣的政壇。過去台灣繼承了來自大陸的蔣氏強人政權，在強人凋零後，支撐國家的領導力量在充滿風雨的民主化歷程中轉移，本土意識迅速崛起，積極填入已缺乏支撐的舊有體制。在兩岸分治的事實下，許多變遷與各種反彈的力量一再衝撞現有的體制與思維，國號與諸多舊有的政治圖騰因缺乏舊有力量的支持而日益空洞化，新的政治浪潮與權力的追求者如雨後春筍般地冒出來，要將舊有代表迫害與不平的圖騰全部推翻，建立屬於自己的品牌，閩南籍的台灣人漸成政治的主幹與核心。然而在兩岸關係上仍是形勢比人強，夢想與現實之間的距離比起兩岸之間的距離，還是顯得這麼遙遠。隨著綠營的得勢，原本說要「聽其言、觀其行」的中國高層不再倚恃台灣政府，甚至也不再寄望於主體意識漸強的台灣人民，此外，美國自有盤算，就算是交往也不保證對台施壓的效果，大陸軍政機關密謀台灣日急，並持續以商圍政的策略。兩岸貿易障礙日多，雙方反對交往之態勢也愈形明朗。

新的內閣本想走朝野協調的路子，但這本來就是很不容易達成的工作，執政黨本身也有新一波的明爭暗鬥，欲出頭者的動作也更明顯了。年初兩岸還因春節包機的氣氛良好，似乎兩岸關係有回春的跡象，但過完年後，台灣獨立的群眾不願兩岸越走越近，大力反彈，借著二二八的活動，又吵起一片獨立的聲音。

綠色政權在不斷挫敗的外交與無法振興經濟的情勢之下，與藍軍也無法和解，治國無方的台灣執政黨轉而走向自己最拿手的政治鬥爭，路越走越窄，轉圜的空間也變得更小了。島內強硬派的習慣性挑釁，他們成功地抹黑打擊了政治對手，隨著自我膨脹的心理與民氣與政府的縱容，台灣繼續朝著獨立建國之路邁進。適逢大陸流年不利，水災頻仍，發生許多損失消耗的情況。對台灣政府而言，大陸的不穩定正是獨立的最佳時機，上一回的大選綁公投，原來的盤算是若結果通過了，自然是大利多，即使不通過，也沒什麼損失。這次政府又積極地利用中國在 2005/3 時通過其「反分裂法」，不久後泛藍領袖又另闢新戰場，積極向大陸示好，社會意見更加分歧，在野泛藍像是在下跳棋，台灣政府則在玩象棋，至於中國則在擺圍棋。接著是泛藍兩政黨領袖前後出訪大陸，在泛綠政黨取得任務型國大的主導優勢後，公投入憲已不可免，又在中共政權加壓下，趁反對勢力衰弱時想要推動新的公投，期望能有宣傳政策方向與凝聚人心的效果，盤算著若能通過，則推動新憲與獨立將會更加順利。然而民意仍在擺盪著。

然而，事與願違，仍是紛擾不斷的公投制憲最後以失敗收場，綠色政府與政黨遭到挫敗，但不願屈就的台獨勢力仍一意孤行，利用各種計謀與群眾運動繼續進行既定的制憲與建國工程。終致無人能助的地步。台獨建國的方向與美夢也成了台灣人民揮之不去的夢魘。

在這看不出會發生什麼嚴重戰事的一年，當發生時，人們才會突然醒覺原來導火線早已點燃了。

軍事—(M2-2)

台灣為了加強防禦敵人的斬首行動，特別在 2005 年年初便調派了更多的精銳北上來捍衛首都。是年夏天（一說在五月十一日），當外國來的任何警告威脅都已失效，大陸推出反分裂法後，台灣並未得到國際實際有力的支持，台灣政府決意要走出自己的路來。正當大陸忙於內擾之際，台灣政府宣布「台灣共和國」的成立，雖然政府對外措辭與對內行事盡量低調，但獨立建國者的興奮慶賀，自然會引起國際與國內媒體的關注，北京在不敢置信下震怒頓足，各地將領聯合向中央連署「請戰書」，也不管它什麼戰前的評估，說開戰兩週將花掉2000億人民幣的龐大軍事開銷；世界各國憂心變局，強國與亞洲鄰國強力關切與介入，台灣政府卻繼續對外宣稱新國家已成事實，消息立刻廣為世界所知。政府認定美國為了阻擋中國的侵略，遲早會賣更先進的攻擊武器給台灣，甚至會指示馳援台海、正在待命的航母戰鬥群加入對抗中共霸權的戰鬥。無法挽救局勢的悲觀者忙著在打包。兩岸關係一觸即發，台灣方面態度強硬，聲稱有長期抗戰的準備，動員整個國家機器和後備軍人，釋放國內外長期被中共打壓的怒火，甚至傳出要製造中程飛彈和核武以對抗中國的聲音。

聯合國並未馬上承認台灣這個新國家，召開緊急會議想找出解決之道，並允許台灣派出代表入會談判，台灣代表終於有機會進入聯合國了，無異像是一次外交上的「大勝利」。中國仍無所不用其極地運用各種資源來排除台灣的入會。聯合國的秘書長宣布台海是全球當前最危險的兩個交戰熱點，他所指的另一處則是中東持久惡化的動亂。

以阿拉伯半島的沙烏地阿拉伯和葉門聯合起來共同團結了阿拉伯的力量，接著便是以色列境內的不熄戰火，以色列的鄰邦敘利亞趁機取利強奪，中東局勢更難處理。

過去在美國與伊拉克作戰時，伊朗就已屯兵在兩伊邊境。美國一直對伊朗的核武研發感到芒刺在背，甚至有計畫在處理伊拉克問題後，接著解決伊朗和北韓的問題。伊朗在戰後仍然不願加入國際核武的規範，美國一時也沒辦法逼之就範。另外，伊拉克國會選出了一位過去為敵人的庫德族總統，讓庫德人在中東的勢力越來越強大。

是年六月之際，在野領袖的訪問大陸並不能阻止兩岸對峙的升高，突發的危機迫在眉睫。台灣總統突然遇刺，這次可是真的，兇手是一名步槍射手。台灣人民極度震驚與憤怒，幾乎不需要什麼調查，台灣軍民就已認定這是對岸進行的「斬首」陰謀。台灣緊急由副總統代理視事，然而實際掌權的是軍方與前總統的勢力。（此行刺之預言事件尚屬一種可能，未必真的會發生，或未必是在這個月份。即使不發生，同期也會有其他重大事件造成兩岸升高衝突之影響；如 2005 並未發生這類重大事故，一則預言來源不準確，作者誤用；二則延後一兩年才會發生）

兩岸緊張情勢之下，約在 2005 年七月初，八大工業先進國在蘇格蘭舉行 G8 高峰會議（美日法英德俄義加八國），各參與國商討中東與兩岸的局勢，各有台上和台下的盤算、動作與協議。以美英為首的國家在中東已投入過大的經營成本，無力也不願在兩岸作大規模的長久對抗，主張對亞洲局態採取袖手旁觀的做法，而這種躊躇與猶豫不決的心態當然也阻擋不了已箭在弦上的兩岸惡鬥。甚至有國家暗想，若兩岸因戰爭而兩敗俱傷，未嘗不是件好事，看準了戰後重建的商機，至少不應比伊拉克的情況險惡，兩岸也不會立即再有武力衝突的能力，在權衡利弊得失之後，決議努力地以外交與政治手段為兩岸降溫，畢竟國際多認定「一個中國」，很難在國際上阻止中國處理「國內事務」的動作，更何況是台灣主動要獨立的。但國際仍須守住保衛台灣的最後底線，不要真的給大陸收了去。各國多主張應積極介入中東混亂的局勢，否則將更難處理。大家都不希望戰事會演變成第三次世界大戰。不幸的是，這樣的結果不僅中東動亂仍不能休止，造成伊拉克國滅人亡，血流成河，遠東惡化的局勢也無法遏止，埋下未來更大動亂的種子。

兩岸的電戰率先開打。兩岸網軍也大顯身手，努力地想癱瘓對方的指管通勤目標。雖然台灣網路科技的能力很強，但中國的資訊程度化較低，以及有光纖電纜的鋪設，台灣的網路攻擊成果並不如預期般成功。

六、七月中，兩岸互相試探動作頻繁，中國開始在東南沿海各地集結大軍。待中共中央伐台的檄文一出，台灣立即全軍動員，軍政高層昭告並鼓舞軍民要有決一死戰的準備與意志。台海軍機艦艇密佈，彼此都有意、無意地越過海峽中線，劍拔弩張的氣氛下，摩擦衝突在所難免。戰事頓起，台海風雲因而變色。台灣以量少質精的武力接戰，讓大陸承受相當大的損失。於是，大陸的楊家將與台灣的李家軍開始了一場可怕的龍爭虎鬥。

海峽衝突立刻受到聯合國與其他強國鄰國的調停與壓力，暫告一個段落，但並非從此可以風平浪靜，更大的浪潮還在兩岸醞釀著。台灣以高漲的愛國心與自主意志拒絕大陸，雙方更加敵視。此時的情況宛如蔣公遷台後的韓戰光景，差別在這回台灣的軍民不想要反攻大陸，而是要獨立建國。

七、八月中，兩岸緊張情勢二次升高，爆發全面軍事衝突，戰事慘烈，生靈塗炭；台灣設想中國攻打台灣的各種可能戰略，台灣的戰略縱深並不深，全島各地都可能受到中國的封鎖與威脅，戰事若拖下去絕不是個辦法。除了暗中向美國求援，決定以決戰境外的方式，先用科技網路等手段擾亂癱瘓敵人，再發動實質的武裝突擊，先下手為強，計畫一舉毀去中國渡海攻擊的能力，使中國在國際壓力與戰爭失利之下逼和中共，這樣就有真正獨立建國的希望。如此也應該可以迫使駐東亞的美軍介入，多一層保障。拖住美國後，差不多就大功告成了。台灣的主動出擊在初期似乎也有相當的效果，更給台灣人一絲希望與勝利的氣氛，台灣畢竟不像中共軍頭或「中共同路人」所說的那樣不堪一擊。大陸，尤其是在沿海地帶的漁船與軍事設施被摧毀了不少。幾乎是無可避免的，不甘示弱的解放軍立即調動大軍，發動大規模的反攻，還以顏色。交戰雙方以飛彈互射，軍後的離島前線首先發難，發射飛彈攻擊對方的各重要軍事交通目標，中共馬上以 M 族飛彈成群地回敬台灣，台北近郊的三處愛國者飛彈陣地忙於攔截一批批飛來的導彈。大陸沿海各地都有渡海的軍事行動，台軍離島的火砲齊鳴轟擊，希望能阻止對方攻佔澎湖與台灣的計畫，繼而雙方的鐵翼凌空，爭奪制空權。真可說是紅海滿峽，血染大地，雙方軍民死傷慘重，烽火連天，屍骸遍野。

台灣的首善之區遭逢大浩劫──台北遭受解放軍的飛彈、戰鬥機（轟炸機）與海軍艦艇的多方多重攻擊。解放軍攻擊台北的數日後，再攻擊台灣的高雄等地，希望能形成鉗形攻勢，南北夾擊，分散守軍的救援兵力，擊潰台軍的士氣與作戰意志。日以繼夜的戰火中的某一夜晚，解放軍的兩棲突擊部隊摸黑攻上了淡水，兩軍在關渡大橋一帶發生激戰，紅色的大橋被攻擊者拿下，並建立灘頭堡，中國攻台的支援物資從大陸以海空的方式進行補給，中共精銳部隊沿著淡水河逆流而上，配合其空降第十五軍在林口與桃園空降，向台北的政軍交通要地進攻，松山機場成了主要的打擊重點。台灣的總統府與許多政軍建築此時多已遭到破壞，但台軍的指揮系統仍在衡山指揮所繼續指揮作戰。雙方的第五縱隊伺機而動，進行各種破壞，大陸的一些大城市也受到台軍零星的攻擊，並在嚴密的警戒中。

中共「阻援打點」的攻台的動作隨著美日的動作，而有些重心上的調整，兩岸間的戰況始有轉機。雖然美國不打算捲入台海大戰，深怕戰爭演變成兩個大國之間的火拼，但也不能不對大陸作一些象徵性的「懲罰」與「護台」動作，美軍嚴密追蹤中共的長程打擊武器，中美雙方都不願將戰爭層級升高，還算有相當程度的節制，加上美國的戰備整備尚未周全或到位，故轉而將戰鬥的大任交給日本來執行，自己則在後面伺機而動，選擇最適當的時機介入。

中台戰爭期間，因中國海空軍進入中、台與日本重疊或有爭議的領海、領空，如中共海軍闖入離台灣不遠之宮古、石垣等島嶼，中國與日本發生嚴重的武力摩擦，引起兩國交相指責，嚴重抗議，美國希望日本能當她的打手，各方爭奪著相關海域的海空控制權。日本政府受到國內外的強大壓力，中日雙方終於交火，中共解放軍與日本自衛隊的主戰場是在琉球沖繩島附近的海域，兩岸戰事稍歇，繼之，中日海空軍鏖戰於台灣的東北海域。戰役結果是大陸佔了上風，但損失也不少。

交戰逾月，八、九月間，台軍已漸感不支，日本自衛隊也沒有佔到上風，雖是颱風季節，但未颳起「神風」，美國不出面是不行了。聯合國的許多國家在美國的策動下強力介入外交的調停，中國作戰損失嚴重，不宜再與世界為敵，各國私下與中國達成許多協議，包括戰後經濟與軍事上的利益交換，而戰事終得以稍歇，戰後兩岸兩敗俱傷。武鬥雖然告一段落，但新的挑戰與威脅卻仍然存在，國際情勢變得更加詭譎多變了。

日本在戰前戰後都有運用計謀，以從世界，尤其是美國獲得最大的利益。戰後日本面對中國的強大軍事威脅，普遍認為美國在危難時不足以提供及時的救援，因而重整武備的聲音高唱入雲，甚至有發展本身核武力量的計畫。美國當然不會輕易地放棄她在亞洲既有的利益與影響力，更願意加強與日本的關係，主動在軍事與經濟上支援日本，將日本視為她阻擋中國湧入太平洋的門戶。此外，美國更努力地進行全球新戰略的部署，面對其他國家反對駐軍之事，美國也開始建設與部署海上的浮動基地。

地球的另一端非常地不平靜，那裡的戰火與東方比較毫不遜色。阿拉伯世界人民越來越團結，將槍口一致對外，世界強權密切關注但苦無對策，即使以武裝部隊介入，也難有太大的效果，情勢逐漸失控，以阿衝突仍持續上演。中東油源供油不穩，油價攀高，世界經濟隨之遭受重大的打擊。

2005/4 體弱多病但在位長久的約翰保祿二世教皇辭世，來自德國、路線保守的新教皇（本篤十六世，他被預言家瑪拉基稱為「橄欖枝的光榮」，Ratzinger 以 R 為姓之字首，家鄉在德國南部）被樞機主教團推選出來，相對較開放的拉丁美洲天主教會對此結果感到失望。他在登基沒兩年後，便要面對強大的回教新興勢力。在對峙之時，歐盟與美俄各有盤算，聯合國也難以整合各國的意見，對歐美國家而言，歷史上阿拉伯人與歐洲人之間的對抗似乎又再重演，抵抗中東的新興勢力必須要有能人來領導，而最合適的人選就落在天主教這位教皇的肩上。他號召新的十字軍，在其強力的領導與協調之下，西方世界終於打敗，並且驅逐了正在擴張中的阿拉伯武力。

政治—(P2-3)

2005/9-10，中國站在勝利的一方。在一些國家參與之下，開啟了戰後兩岸的和談，台灣由綠色政府派員與中方代表談判。台灣在國際上有了新的定位，宣示放棄台獨。台灣也不能再選「總統」了，「中華民國」在紅綠的夾殺之下正式地成了歷史名詞。兩岸之間並不會因為一紙合約就馬上變天，所以大體上仍只是個表面上的統一。中國在戰爭中團結一致，民族主義高漲，但國內對台灣的處理仍存在著許多歧見與危機，立即接管台灣或實質佔領台灣的理想有些不切實際。在多國代表的見證之下，兩岸簽訂了休兵協議。大陸認為需要盡快癒合兩岸因戰爭造成的傷口，才能快速地復原生機。台灣畢竟不是港澳，大陸執政者不願見到台灣失控，故仍讓戰後台灣的政府享有許多自主的空間。九二共識與一國兩制又成了兩岸戰後談判的一個起點，不過因為台灣是戰敗的一方，缺少談判的籌碼，所能爭取的已不如過去中國所開出的吸引條件，可說是經過折扣後的一國兩制，內容諸如不向台收稅、台灣仍可高度自治，使用新台幣，仍可保留軍隊，並為單獨的關稅區，繼續保持政府原有的架構，仍可與外國維持經濟、文化的交流不變，原有生活方式與私產都不變更。

在國際法律層面上，中國過去一直不接受舊金山合約，雖也常利用後來的日華合約，但這些爭論都隨著新的戰爭結果而改變。台灣想從自治走到完全獨立之路被中國運用聯合國之力所阻斷，日本也被迫明文承認台灣的歸屬，過去的國共內戰至此在形式上畫上了一個句點。

談判結果是大陸在面子上佔盡好處，而台灣政府與官員因戰爭的緣故而大失血，就連原本的政治制度也出現了相當的調整與混亂。各種「台獨叛亂份子」，如政府的高官將領、地方鼓吹獨立的人士，甚至親綠的公眾媒體人物只要是鋒頭太健、又跑得慢的人下場堪慮；當然，綠營和藍營都不乏向紅色輸誠的人，暗中密切地與大陸國台辦謀官求利。中共在勝利後利用更多的地下特工來執行滲透台灣的動作，表面上是安撫支援台灣的動盪情況，骨子裡卻計畫利用台灣的不安，逐步掌控整個台灣。大陸當然樂於利用「降將」來促使台灣人民最終都能「心向祖國」。戰後台灣過渡性質的綠色政府背負著談判重責與戰敗的罪責，另外還要面對新局勢的混亂與困難，綠營原本就缺乏治國的長才與經驗，在戰後的非常時期，上下更是離心離德，政令困難，亂成一團。然而，在台灣戰敗後，兩岸之間的政治角力卻未終止，反而有另一波的高潮。

兩岸戰爭時交戰者的鄰邦，諸如北韓、越南和印度等國大發他人的戰爭財，紛紛利用機會向世界強權謀求好處，以及用支持陣營來交換各種利益，這種發展使短期內要改善遠東局勢的聯合國在處理上顯得更為棘手與複雜。

經濟——(E2–2)

2005/3–2005/12 兩岸戰爭的前期，綠色執政者將台灣整體經濟重心向南挪移，南部出現了很多工作機會，許多都是高科技，高獲利的產業，各公司廣招人才，南部科學園區也興盛起來。這種發展除了平衡南北，還可保存再生能力與分散戰爭風險。

兩岸戰爭之後，台灣的房地產大跌，人心多思逃離，造成許多空屋閒置，更不用提那些遭到砲火摧殘，要倒未倒的殘垣危樓的。政府為了留住人，設立新的法規傳票制度，若人棄屋不住，則他人久住之可接收之，此政令既出，造成許多人民的悲觀心理，無心工作，鎮日只枯守著建築物，消極地活著。

中日之戰使日資大幅撤出，大陸方面雖承受了巨大的經濟損失，但其統一強大的氣勢既出，與戰後重建的需求刺激下，從戰後到 2005 年底會有一波外來投資的高潮。加上戰後兩岸三通正式啟動，商機更為明顯，兩岸互動加強後，從外國來的投資案也增多了。

經濟當然會受到政治的影響，美國與其他國家因台灣的新地位，對台灣有相當大的戒心，除了在現有的合作上作大幅的調整降級外，並利用人民的困境待援，爭奪市場與低價收購台灣有價值的人事財物。然而，台灣在商業上的挫折只是暫時與表面的，台灣人民後來學到教訓與經驗，秉持不願被邊陲化的意志，再度重新出發，終於挽回了不少的國際形象與名聲，並能在困境中將技術與商業經營推上更高的一層樓。

俄之獨立國協與歐盟因在經濟上有所互補，所以連帶前者在政治上也還能容忍西方世界的東進，倒還相安無事。而歐洲與北美則處於既鬥爭又合作的經貿態勢，也反應在歐元與美元的互相角力之上。

宗教—(R2-1)

在戰亂或社會情勢混亂的時候，為了追求心靈的寄託與失去的慰藉，往往會成就許多宗教的信教者，因為信仰共產主義無神論者通常很難能享受有如宗教徒般的心靈平靜。中共政權一向對各種宗教的傳教都十分戒慎恐懼，如對法輪功的大力打壓即是，黨員深怕會威脅到自己的政權，尤其是西方傳來的宗教，如基督教等之洋教，對這些宗教多所設限，以政治力嚴控宗教的發展，並常藉打擊外國勢力之名，行迫害宗教徒之實。中共在打擊宗教徒的手法上也偶有變化，與其嚴格查禁，適得其反，不如用其他方式來分裂與切割信眾，敗壞宗教領袖，進而瓦解信仰的組織。將許多信徒轉成共黨或充當其特工，使之染上貪污的惡習。歐美與基督教的勢力在兩岸暫時沈潛，至少表面上是如此的，缺乏節制的資本主義起而代替宗教對人的影響，結果社會有更大的敗壞。

其他—(O2-1)

因戰禍、政治理想或對台灣前途失望的人陸續地向外找出路，過去越戰的海上逃亡潮似乎在戰後的台灣多少看得到類似的現象，移民排隊的隊伍總是長長的。兩岸談判過後，這些情勢稍微和緩，仍留在台灣的大多數人民對兩岸對峙的緩和情況都很歡迎，重建的腳步也在加緊進行中。漸漸地，大家對未來也產生了若干可以樂觀的預期。

從心理與不同的年齡層面來說，動盪的時局造成台灣年輕E世代的緊張、覺醒與責任感。即使還有許多人更加盲目墮落，恣意追求物質享受，好像已沒有明天，但許多新世代的年輕人則從自利、愛表現、耍個性與易挫折的情況中解脫出來。面對血腥戰事、喪失親友的苦痛與混亂的社會下，有一股新的價值觀與作法逐漸在年輕人的熱情與反省中形成，使他們更加成熟、深刻與沈穩。不唯年輕人，各年齡層的人也多在反省，然而，頑固與抱持仇恨的人依舊不少，台灣的苦難仍未因戰爭結束而終止。

毫無疑問地，這次戰爭給兩岸人們所帶來的心靈創痛與社會破壞是非常嚴重與持久的。

雅中戲天

第三章　雄中數天　2006-2014

戰後五年的台灣與大陸之發展：2006 中共的三名元老高位者辭世，中國武力向南洋發展，兩岸有諜對諜事件。東亞又有新的疫情爆發，比 SARS 更嚴重。台灣與大陸經濟都很困難，後來台灣經濟略有起色。2007 台灣有兩位領導者出來，將經濟帶到一個高峰。下半年有政經風暴，貪污敗壞。台灣的東北、西南與東部出現大地震。天災與人禍使這兩位高位者失勢。2008 台灣之外有戰禍，雖未燒至台灣，但對島內的經濟影響很大。一個在台灣由商人組成的新政黨出現，如曇花一現。各政黨仍為私利，更加沈淪。2009 出現某黨的新領袖，政策倒向大陸，大陸分三波影響台灣，台灣對大陸進行大開放，卻難以承受大陸各種龐大的需求。人心又有衝擊，移民風再現。2010 大陸對台的壓力會更大，並進入一個新的階段。

《劉竹村牧師所見異象》

美因數次嚴重的財務危機，在世界的影響力仍有，但名望卻漸低，然仍與俄為友

《MariodeSabato 預言》

大隕石墜落中國

《聖經密碼 M.Drosnin》《網路流傳的預言》

南北極溶冰、地震與美洲的大動盪

《SamuelDoctorian 預言》

大傳染病帶來饑荒，北極長期雨季，冰帽溶解，全球水位上升，北半球眾國動亂

《諾斯查達姆斯諸世紀》《MariodeSabato 預言》《三仙乩劫》《金陵塔碑文》

因為西方人的緣故，伊拉克將得不到金錢和糧食的援助

《可蘭經與聖訓》

春天有先兆。日蝕。十月大地震，似地球出軌的順序。多國變動，更多地震

《諾斯查達姆斯給子書信》《三仙乩劫》《金陵塔碑文》

阿拉伯王子出現統一半島，攻打伊朗、南歐，建立中亞帝國

《可蘭經與聖訓》

伊朗向外併吞伊拉克，向外括張，借著世局動蕩之時崛起，建立新中亞帝國，行大屠殺

《諾斯查達姆斯給子書信(1)(2)》

新中亞帝國興兵百萬攻擊埃及與土耳其

《諾斯查達姆斯預言》

隕石墜落後，中國情況有些失控，各地出現暴亂，加上新疫疾肆虐，國家動盪不安。

中國北方分裂成東西兩軍對戰，西面攻入東面的部隊，並想佔領台澎金馬，以完成兩岸在實質上尚未完成的統一。約在此時前後，中國南方新興起強大勢力，制衡北方的失序，後來台灣新領袖以實質政策倒向中國，戰火終沒有再演變成另一場兩岸戰爭。

《網路流傳的預言》

南方出現穩定中國的救亡豪傑。繼而，中國相當強盛，商機無限。南海富庶，九國春，海底石油開採。

中國沿海各經濟體穩固強大。

《推背圖讖44象》《推背圖頌44象》《步虛法師預言詩第12》《網路佛友》《劉竹村牧師所見異象》

南方領導人的黑冠，龍繡制服

《步虛法師預言詩第12》

南方握有兵權者向中央諫言，清平海內，南北同歸統一

《推背圖畫44象》《乾坤萬年歌》《馬前課12課》《武侯百年乩其二》

阿拉伯世界團結起來，世界強國積極介入伊拉克政局無效，聯合國調停失敗，美國也無法掌控中東，以阿衝突劇烈

《網路佛友》

新教皇登基強力領導，打敗興起的中東阿拉伯人的武力

《馬拉基教皇預言》《可蘭經與聖訓》《諾斯查達姆斯給子書信》

兩大戰場周邊國家的投機牟利動作，使局勢更加複雜

《網路佛友》

大星再來(劉竹村牧師所見異象則以 2009 到 2010 較可能)

《聖經密碼 M.Drosnin》

中俄等國家結合聯手迫害宗教，尤其是與基督相關的宗教

《諾斯查達姆斯給子書信(1)》

東方有預言智慧傳到西方，但不被普遍的西方人接受

《MariodeSabato 預言》《其他歐美預言》

兩韓倡議和談

《格庵遺錄第五、四十篇》

台北遭到來自中國的核彈攻擊？

《聖經密碼安德》《西班牙預言》

中國國內勢力的變遷消長，由三分、十分到三十七分天下

《金陵塔碑文》

其他—(03-1)

2006天空出現流星墜地，一時眾說紛紜，某些末日教派的宗教徒與世界末日的流言口耳相傳，中共雖大力制止，但各種傳聞仍隨著宗教與網路等途徑快速地流傳著。同年中歐洲也有大日蝕出現III34。

2006的東亞在兩岸戰爭後又爆發了新的流行疫疾，其所造成的危害與恐慌猶勝過先前的SARS，各國人民對這個新疫疾的防護能力不佳，治療物資與認知的缺乏使得民眾人心惶惶。各國忙於控制疫疾，互相隔離，彼此之間反較相安無事。在台灣，有一群意志堅強的人為了避開天災與人禍，開始尋尋覓覓，最後找到了某河流下游的一處「世外桃源」，在那裡心靈豐富地過著新的生活。

這個大傳染病也帶來大饑荒，造成北極一帶長期雨季，北半球眾國多成無政府狀態。北極圈內國家因融冰而團結在一起時，中東國家開始緊張，引起他國動亂。

十月間，歐洲發生大地震，像似地球出軌一般，撤出半島的美軍與北約部隊維持高度的警戒，因多國發生變動，各國窮於應付突發的巨變。此時從伊朗西北的庫德族處出現一個新領袖，庫德族原屬伊朗民族的一支，人數超過三千萬，卻沒有國家，在該區各國間備受打壓欺凌，此領袖在各國紛亂之下崛起，並懷著長期對中東阿拉伯人與土耳其之間的復仇願望與極大的野心。為了加速統一的腳步，他以血腥屠殺的方式，兇殘的手段猶勝過去的強人海珊，這個面目黝黑的領袖會被發生恐慌的東方強權所支持 VI21。他生自海灣的大城，組織大軍發動戰爭，趁美歐勢力忙於處理國內事務災禍時，吞下伊拉克並建立帝國，打下 Trebizond，並進行可怕的血腥屠殺。他號召族人，趁虛攻打伊朗與南歐等地，又再攻擊伊拉克，以兩伊為基地，建立起一個新的中亞大帝國，足以與西方世界分庭抗禮 I56IV50。這位頭戴黑色頭巾的敵基督滅了兩伊，成功地領導了阿拉伯半島各國 V86。

他進而興起百萬大軍攻擊土耳其和埃及 V25V27V47，在擊敗土耳其後，又與新的土耳其政權結盟，向西擴張。亞德里亞海的艦隊被消滅後，埃及相當驚恐 II86，同樣地，巴爾幹半島的人民也非常驚慌 IX60。地中海各島被迫要加入掠奪之大聯盟。2008 的三、四月在月蝕之後，阿土聯軍會有相當大的損失 III5。

亞洲情勢不穩定，美國記取教訓，改將重心放在亞洲時，歐洲在面對阿拉伯新勢力的威脅，與新任教皇的敦請下，由北緯 48 度、法國巴黎的領袖倡議領導，組織歐洲的多國部隊，最後成功地擊退了外來威脅的武力。伊朗領袖在兩河之間行軍事暴政統治，但他也不會活得很久，會被一年青光頭者暗殺，為禍兩年，但其所建立的國家要到 2080 年左右才會覆亡，繼任者是位令人戰慄的王子 VIII77。

全球有許多國家與人民因為各種饑渴需求和瘟疫，急需要有個遮風蔽雨的家及其他需求。大陸因不斷的天災人禍，各地暴行叢生，情況惡化。邊疆的少數民族更有鬆動脫離之象，中央雖想嚴加控管，但卻往往是心有餘而力不足。

軍事——(M3-1)

2006 中國對台灣向外發展的作法更積極地防堵之，順勢以武力向南擴張勢力，深入南中國海。戰後仍陸續舉行了各種大小規模的演習與新武器、航太工具的展覽，名為商業展示，實有其他的軍事目的，兩岸休兵後，中國仍不忘時時對台灣繼續施壓，並將台灣視為禁臠。這些軍事演習要到大陸的年老高官們相繼去世後，才會逐漸緩和下來。

經濟——(E3-1)

2005年末至2006初期全球因戰爭等因素導致國際經濟嚴重衰退，這一年也是也是台灣經濟的震撼年。過去因各種錯誤政策、浪費與人謀不臧，原本政府收支就已嚴重失衡，要加稅收來填補缺口，整體國家經濟陷入更大的危機。連接台灣南北的高速鐵路營運困難，經歷戰火加上重建所需的超額舉債，幾乎導致停擺。高鐵這類的例子不過是台灣經濟冰山的一角，還有為數不少體質不健全的公司與銀行，在遭逢巨變之下，國家無力支持，可說是一片哀鴻遍野。戰後的數個月內，百廢待舉，管理能力與資源都缺乏的政府難有作為，經濟陷入前所未見的大蕭條中，戰費、借貸與重大工程等對台灣經濟而言，更是雪上加霜。在國際支援被阻絕，無人解援之下，台灣銀行宣告破產，失業破產的人到處都是，政府因戰前舉債與為戰爭舉債而造成財政上的極大負擔。通貨膨脹，物資缺乏，人民苦不堪言，戰前高唱台灣人的驕傲此時早已拋諸腦後，改為如何努力地維護最基本的做人尊嚴，許多人也喪失了鬥志與希望。

戰後台灣仍有新的天災人禍，政黨的惡鬥仍持續下去，諸多產業面臨重整、改組或併購的命運，信用破產的政府與金融單位雖力圖振作，想進行工商稅制方面的改革，以堵住過去的漏洞，然而遭到在野黨與許多百姓的質疑與反對，長久的信心危機造成了人民之間根深蒂固的敵對，真是孰令致之。

戰後五年內，南洋的印尼、菲律賓、馬來西亞等國落井下石，也趁機刁難台灣向外尋找新樂土的人民，從中謀取利益，並在中國的壓力下，與台灣當局發生很多外交上的摩擦，諷刺的是台灣還有許多來自印尼、菲律賓、越南的新娘和幫傭，竟也成了對外移民的一些助力，風水輪流轉的世界，虧待或善待別人者自有不同的報應。

政治──(P3–1)

台灣有大批人希望能遠離，不被中共統治，計畫遷入南洋較無人煙與偏僻的島嶼另謀自由獨立的新生，台灣政府私下也支持這種作法，至少可留一些退路。泛綠人士與大型運輸公司的關係親密，許多人抱著可以建立新「海上漂流國家」的心願出洋。中國其實也不太在意這種發展，台灣的頭痛人物出走，正可以減少中共對台掌控的阻力，只要對南洋各國施加些壓力，這些出走且散兵遊勇的台灣流民必定無法發揮什麼作用；此外，還可以利用各種相關藉口讓中國順理成章地將觸角伸向南洋各處。

2006 年以後的五年中，在全球不安的情勢下，台灣成了中國和外國角力的新戰場，像是夾心餅乾一般。從台灣的東面，會有從國際（主要是美國）吹來的三陣暴風。這三波來自西方的影響陸續會在 2006、2007 下半與 2010 年爆發。私底下，台灣當局仍希望能引進國外的力量來制衡來自中國的強大壓力與新的威脅攻勢。

同樣面對國際的壓力與台灣的不穩定，中國為了對抗與回應「外來」勢力的威脅，利用時機加緊大陸對台的影響與控制力，而大陸國台辦的角色更加吃重。相對於外國來的三波影響，中國也對台發動了三回震撼台灣的動作，且所造成的後果，是一次比一次更劇烈。這三回強勢運作中，大陸不斷加強對台灣的政商統戰，手法主要是拉攏個人與黨派，結合具有大影響力的人士或公司，或明或暗地造成影響，並進而瞞著台灣政府，利用並操縱台灣的大企業。這三波運作情況概述如下：

在2006第一陣來自國際迫近的雲霧是對台灣孤立、冷漠，甚至排斥的態度，國際認為台灣已不再享有政經的自主性，不僅短期看空，長期更為黯淡。台灣的確不是香港，而且看起來，情況會比香港被中共接管後更糟。人民不必幻想會有新的外資投入，因為各種現有的經貿與交流單位都想撤離，留下的是無數的爛攤子。此外有許多人在國外的避險資金或投資等，要想再運用時，往往會受到外國的懷疑、刁難，甚至凍結、拒絕，在這非常險惡危急的情況之下，台灣社會仍有許多義勇者努力地救助受到傷害的人們，並不斷為他們加油打氣。

藍綠陣營仍在為戰後的權力分配而鬥爭不已，綠營不願提早交出政權，繼續運用悲憤的民心，強調獨立戰爭之失敗為非戰之罪，與綠營執政的合法正當性，藍營則積極搶攻，將戰敗的罪責全歸綠營，並試圖扭轉戰前失去的選民與形象，進而希望能提早接管政府。雙方表面上都不想與中國走得太近，台下的動作卻不斷，深怕哪一天這新老板不高興，日子就難過了。戰前與戰後兩大黨派到底出了什麼偉大前瞻的理想與作為者？可悲的台灣民主，造就的多是偽人，不見偉人。

2006年的兩岸戰爭之後，中國戰勝的元老級人物齊聚在陝北的延安，在這中共的早期根據地，遙祭中共開國元勛們的在天之靈，並慶祝統一戰爭的最終勝利，志得意滿的解放軍在國內與國際上都大出鋒頭，而中國的民族主義也達到了最高峰。中國雖然因天災戰禍而承受了極大的人財損失，但全國都籠罩在一片勝利的喜悅與自豪中。國際社會也看好長期的發展，大膽的外資又開始回流。三通直航下，大家都期望兩岸的紛爭自此可以永遠走入歷史。

戰後一年之內，中國陸陸續續有三個重要的高官或大將人物過世（可能包括江澤民等老人），對台灣而言，這也許是一個天賜的喘息機會。

中共在戰後積極對台進行「政經統合」。兩岸分開這麼久，制度相差懸殊，台灣人當然不願意選出中共的「特首」，兩岸繼而發生許多諜對諜事件。台灣地區冒出許多中共的諜報人員，他們原是被中共情報單位所吸收與派遣，許多是在台灣有背景的子弟，並與大陸有力人士的子女結婚，中國軍方對這些人採取捕殺的大動作，然而此事件的實情與原因則並不十分明確。兩岸有新的一波外交較勁。一時之間，台灣的邦交國雖然更少了，但有一些國家仍願意承認台灣的自主地位。

戰後大陸在為期數個月之久的勝利慶祝行情後，中共中央想利用戰後的契機對國內的制度、人事與經濟進行大刀闊斧的改革，以符合人民的期待，但結果反而造成極大的負面衝擊，以及人民強大的反彈聲浪，適足以讓執政者警惕。這次改革造成了許多大官不情願地提早退休，但他們仗著有大軍功，退下來後仍在地方和各區域掌握龐大的資源，並且心生懷恨，暗中阻撓中央的改革。上有政策，下有對策。許多國營事業在新改革下，表面雖似生氣盎然，但實情卻適得其反。腐敗的大小官員利用改革之名，行貪污之實，上下互通款曲，明爭暗奪，大量搜刮民脂民膏。新改革結果可說是一敗塗地。

戰後的綠色政府當然不為中國所喜，百般刁難，欲除之而後快，礙於綠營在台灣還有相當大的民眾基礎，尤其在台灣南部，不能輕言替換；此外，大陸高層也認為不孚眾望的綠營政府下台之事只是遲早的問題。台灣政府在中共經濟出現動亂時，得以稍事喘息，但台灣的綠色政權最後仍因為國內的民心思變、政治風暴與內外壓力，提早收場下台，接手的自然是泛藍的領導人物。2007上半年台灣有兩位有政治智慧的領導者出來（連戰與宋楚瑜的可能性很大），久望大位的藍軍領袖獲得政權，積極營造出一股新的氣象。

超級強國之間，美國會歷經了幾次嚴重財務危機，國際戰事與石油能源補給的問題，讓這世界的超級強權也不能不低頭。甚至歐洲在美國面前也越來越強勢，逐漸開始影響聯合國，進而甚至能涉影響入美國國內的一些政軍經貿等之發展。美國仍與俄國保持相當友好的關係。

2007年後東北亞的兩韓關係也因劇變的世界而興起一波長久尖銳的對峙。

經濟──(E3-2)

台灣在經濟崩潰後，歷經數月的混亂，隨著國內情勢漸漸好轉，經濟又重新恢復了秩序，但一時還不能完全回到戰前的軌道。銀行與公司行號陸續復業，因戰亂造成各企業的財務人事紛爭不斷。

如前所述，中國經濟在戰後過熱後，再遭逢天災與內部改革失敗等不穩定的因素，有嚴重衰退的跡象，中央政令窒礙難行，原來沿海各大經濟繁榮的都市也被貪腐之風所敗壞了。相對於大陸的嚴重問題，台灣與外國投資者對大陸投資環境感到失望，開始轉而回頭，重新投資與經營台灣。約在2006下半到2007上半，台灣經濟新任泛藍領導人的帶導下重獲新生，全民共同締造了台灣自2001年以來未曾有過的榮景。

至於東方明珠香港在這幾年會有什麼表現呢？2006年的戰後會有經濟新局，2007則要小心，2008則可能會因為貪求而招禍。2008因大陸初定，連帶香港也還不算太穩定，故宜靜不宜動。之後，大陸發達，珠江三角洲內之香港會大繁榮的情況自然也不會讓人覺得意外。

其他—(03-2)

2007與2008年之際，像是地軸有了明顯的變動。台灣有三處緊接著遭到極強烈的大地震，即台灣東北，花蓮中部與西南海岸等地區。各地震中央方圓五十到一百公里內都會有嚴重的災害。地震災區內不堅固的房子都像軟腳蝦一樣傾倒下來，死傷無數，但政府與各地的救災應變能力與資源匱乏，無法應付這等規模的天災，救援遲緩，各災區的民怨沸騰。這次除了台中一帶比較安全外，幾乎台灣大部分的地區都受到不同程度的影響。許多人擔心餘震不敢回家，各災區的交通與各種經濟活動受到嚴重的影響。大地震時，高樓辦公的人慌張地推擠逃出大樓，數不清的牆壁發生龜裂或崩陷，一些較不穩固的大樓倒在其他建築上，像是骨牌效應。醫院外科手術房爆滿，浩劫餘生的人等不及政府來挖掘，紛紛用手或其他工具挖掘親友財物，餘震還是讓人怵目驚心，台灣的防震準備與意識真是太不夠了。災後有耳語相傳，謂此地震為台灣遭天譴之兆。

此時外國人在科學發展上會造出一個鋼塔，中間放某種液體，想用之來控制星星(衛星)。但這種勇敢的嘗試最終會以失敗收場。失控的衛星墜地，反造成很大的苦難。

另有一種以水力推動的球可以在地上滾動行走。這項發明雖然為人類帶來行動的新福音，但實際上只帶來無限需求的慾望。

天災使人對能源的開採更加殷切。有一種有顏色的盒子會幫人找能源，但開採容易，關閉自然的毒氣與火焰則很困難。而可以發光的氣體(天然氣)最後會變得無用。人們只信自己的智慧，到處挖原油，破壞大自然，誤信知識的力量，卻忽略與自然和平相處的簡單智慧。

全球無數科學家用數字來過著自己的生活，科學家中也有善與惡者，善者見惡者為私利行惡事，後果影響世界，便開始用默想來尋找智慧，希望更接近神，但為時已晚。

北極冰帽繼續迅速融化，海水高漲，影響威脅著全世界生物的生存，伴隨著全球多起大地震，帶來了極大的苦難。

原本預定在北京舉行的 2008 年奧運會，因為全球的動盪不斷、中國內部的動盪不安、工程的延宕與部份國家的杯葛，結果只留下空蕩蕩的運動場與無限的惋惜。

政治—(P3-2)

在此驚天動地的地震前一年多的期間，藍營致力於消弭內部的動盪，在較大陸穩定的環境中，台灣經濟進入了一個難得的高峰，外國資金在戰後大量挹注進台，人民重拾起經濟的活力，日常生活似乎又回到戰前的正常軌道。可惜好景不常，在平穩發展與大陸不穩定的情況下，許多人漸漸遺忘了不久前才發生的痛苦經驗，同時還充分發揮了資本主義與共產主義的貪腐惡習，競逐個人的物質慾望與享樂，許多人抱著「今朝有酒今朝醉，明日有愁明日愁」的心態過活。過度樂觀的膨脹、貪婪與錯估形勢，終於導致台灣另一個新困境。台灣流風所及，金錢遊戲、重建工程的弊端與個人私德都敗壞了，污染所及，團體、國會與百姓幾無倖免。台灣成了貪婪之島，轉機又變成危機，許多人存有撈一票就走人的心態，嚴重腐蝕了可能會永續發展的繁榮，六月後貪腐之風浮現，民心與政局動盪的風暴竟持續長達七個月之久。

2008 年台灣貪腐之風既現，接著又禍不單行地遭遇罕見的大地震，人謀不臧，人民對政府的信心崩盤。大地震發生時，許多人驚惶逃離地震災區，各級政府希望能留住災區原來的住民，以阻止爆發更大的恐慌，於是採取新的房屋土地政策，例如擅離自家住屋者，政府有權得以賤價收購之，這樣的結果反而造就了地主與投機者日夜守著房子（甚至是危樓，也要守著），不思工作進取，民心更加渙散。政壇持續鬥爭動盪，結果原來的兩個最高領導人都被迫黯然下台，失去人望、政治前途與重要的官職。

台灣在風雨飄搖的 2008 年間，因看不慣兩黨的敗壞與惡鬥，有一位民間人士出來組織新政黨，懷有強烈宗教情操的成功商人所發起的這個新政黨，走的是中間路線。雖然新政黨讓人耳目一新，也吸收了不少黨員，但不過是兩三年的工夫，這個政黨就會泡沫化且消逝無蹤。各大小黨派還是繼續在為著私利爭奪，使台灣陷入更困難的黑暗時代。從 2006 到 2008 三年間，台灣可說是時運不濟，災難頻仍。

在歐亞交界一帶十月時發生大地震，影響所及的各國都忙於救災救難，在聯合國與其他列強忙於他務之時，中東的伊朗趁勢崛起，阿拉伯人四處攻擊在伊拉克駐軍的美英軍與聯合國的維和部隊，情況一發不可收拾，後者倉皇撤軍。接著伊朗領袖又大肆鎮壓並屠殺本國與鄰國的反對派，伊朗與土耳其無辜被殺的人不計其數。這新的帝王興起，迅速且血腥地建立起橫跨兩伊的新政權。這個政權將會持續將近四分之三個世紀之久，並犯下眾多罪惡與侵略的罪行。

軍事——(M3-2)

話說回到戰後的那段歲月裡，台軍的將領在戰後有些成了戰犯或降將，經過一段時期，在 2007，當台灣的經濟回春，也意味著台灣又有了錢，能再購買更先進的外國武器來自衛，那時會有一批新秀將領浮出檯面接替補充軍中的領導，頗能在困境中奮發圖強，他們積極地擴充軍備與訓練，受到島內許多人的支持，並多少有安定失落人心的力量。

中亞這新興的大巴比倫帝國並不滿足於兩伊的領土，要快速地向外擴張，而不服從的回教徒將是他們開刀的首要對象。此中亞帝國藉著外國勢力倉皇撤退後所留下的權力真空，與乏人干涉關切的情況下為所欲為，結合兩伊以陸軍為主的龐大軍事能量，興兵百萬，發動對原來較親西方的土耳其與埃及之戰爭，希望能建立起傀儡或友好的政權，以鞏固自己尚不穩固的兩翼。這情勢當然非同小可，歐美緊急會商討論因應對策，後來由歐洲結合各國的武力。官邸位於巴黎的新任法國總統大力鼓吹奔走，希望能結合歐洲的武力，共同抵抗中亞帝國，而由法德義荷比盧六國起創的歐盟，至此已擁有25個以上成員國家，其歐洲議會作成決議，立即派遣歐洲快速打擊部隊與其他歐洲軍事組織進行反擊，法國領袖還以新十字軍作號召，用基督教的信仰結合歐洲人，將阿拉伯人的回教入侵勢力逐退。不久後，雙方的戰事便在中亞帝國的第一個帝王被自家的三個人暗殺後IX53，帝國的各方勢力忙於內鬥與歐盟撤軍而暫緩下來，但不是爭鬥的結束，只是第一回合戰事的休止。

回到另一個危機四伏的火線—遠東：美國等國外強大勢力仍念念不忘制衡中國向外的擴展，再度積極地對台灣政府施壓。除了恢復一些還有價值的武器銷售之外，也願意賣給台灣更先進的攻防武器，其中許多是秘密私下交易的，但是紙包不住火，這些是瞞不過中共在台的耳目的。中國對台灣新一波的軍備發展非常不安，並計畫如何完全解除台灣的武裝。

台海戰後，中國解放軍原有的元老級軍事領袖或死亡、或退休不再視事，新的軍中派系彼此在爭權，政治人物自然也不例外，並樂於巴結戰後不可一世的軍事將領，作為自己從事鬥爭的本錢與力量，大改革失利後，國內不靖，各山頭更需要強而有力的鎮壓力量，繼續的掌權使解放軍的聲勢得以維持不墜。然而各軍頭因對台戰略與其他權力利益上的衝突，早已貌合神離，終至四分五裂。面對台灣可能再度強盛興起脫離中國，並仍保有反抗中央的軍隊，主要是蘭州軍區鎮守西陲的軍事領袖，他們強烈主張要徹底消滅台軍，並接管之，才能一勞永逸，若只用當時所採行的間諜與經濟等手段，只會蹉跎大好時機，讓台灣與外國勢力勾結，到時候若再想處理，無疑會變得非常棘手，甚至讓台獨的力量又死灰復燃。

2008年，中共中央與強勢的西陲軍事將領發生嚴重齟齬，軍委會的談判破裂。華北西邊的解放軍然突興師逼宮，要強迫東邊的中央政府就範，傾全國之力攻台，中共中央不從，將那些心懷異志的部隊視為謀反；接著，中原一帶爆發了激烈的武裝軍事內戰。西面的部隊後來打敗東面的部隊，並迫使中央與東南各省的軍區積極作再度侵攻台的準備，積極計畫如何對台澎金馬四島進行實質的軍事佔領。兩岸風雲因為中國的這次內戰又再度被燃起，然而反對這種攻台的解放軍強領也不少，即使在大陸東南各省，也爆發了戰與不戰兩派軍人的武裝衝突。台灣對大陸的不穩情勢戒慎恐懼，嚴陣以待，積極動員備戰自衛。這個僵局最後是在中國南方出現一股新勢力後，才興起了和平的希望，並拯救了兩岸人民，避免另一次生靈大塗炭。最後，大陸對台的戰事只會在台灣周邊的數十哩外燃燒，戰火並沒有真正延燒到台灣，然而仍舊對台灣產生相當大的影響。這次危機可算是台灣在十年內所面臨的第二次戰火，台灣在驚濤駭浪中幸運地撐了下來。

美、日在先前的兩岸戰爭與琉球海戰受挫後，因為在國家戰略上的相互需求，兩國在軍事合作關係與發展軍備上的意願都非常高，彈道飛彈防禦協定(BMD)與戰區飛彈防禦（TMD）的部署在日本境內如火如荼地部署。日本每年也投入更多的軍事預算，原本日本各自衛隊的性質也開始轉變成一般正規國家部隊的性質，建軍過程中雖然招致包含中國在內的各國反對，但日本有美國撐腰，更顯得有恃無恐了。日本過去雖然曾經受到核武之殘害，但迫於形勢，有越來越多的人想要擁有核子武器，做為自身安全的一種喝阻保障。至於南韓與北韓對外觀點日趨一致，仍想走自己的路，在中國強大後，更不願作美國的馬前卒，結果成了中國與美日之間的「緩衝國」。美國將自己在太平洋的軍事部署作大幅度的調整，向著包括阿留申群島、夏威夷、薩摩亞與珍珠港等之第二道基地網移動。

美國的全球戰略在亞洲有一個主軸，即是想將美澳日印等國結成同盟，以對亞洲大陸形成包圍，故在中亞的俄國聯邦中也設立了若干基地與駐軍。這種佈局當然對中俄兩國都是極不友善的威脅，當美國更認真地積極推動這種大戰略時，中俄為了抗衡，彼此的關係也會隨之更顯密切。

政治──(P3-3)

中國人民眼見華北地區的兩軍交戰，南方各省因不願意再捲入另一場戰爭，政軍單位紛紛為求自保而彼此串連結盟，並在爭鬥中強調自己保持中立的觀望態度。此時，中國南方出現一位有理想抱負的領導者，他的服飾特徵是頭戴黑冠，身著繡龍之衣，像是為炎黃子孫哀戚。他不願見到中國再落入上一世紀軍閥割據的局面，自立新國以號召人民，將南方各省的主力，以及來自其他省分、不願繼續內鬥的力量加以整合，希望能遏止戰爭與相隨而來的政經衰敗和紛亂。他還親身北上調停，向中央政府諫言，中國分裂內戰的情勢終得舒緩。經過這位握有大兵權的領袖之努力，三大勢力並排同處。台海一度緊張的情勢也幸運地因中國內戰的休兵而結束。

外國勢力利用此時期中國局勢自顧不暇與內部統整之際，第三次強力介入台灣事務，親美人士與拿 CIA 薪水的特工鼓動台灣大膽地再自中國分離，然而，這些理想仍舊是如夢似泡影。一些深陷台獨思想的人，這幾年的風浪並不能改變他們的想法，甚至台獨的成敗與否對他們而言已變得不是那麼重要了。他們寧願作個台灣鬼，也不想成為中國人。

2009 年初的台灣社會人心動盪，各黨各派努力地與國際勢力勾結，並加速走向沈淪。這情況自然會引起中國的嚴重關切，也是必須盡快處理的問題，在中國聖人出現後，台海軍事衝突雖已避免，大陸方面卻有更重大的壓力加諸於台灣身上。台灣經歷一年半的動盪時局，許多人都想外移，其中有許多不滿政府與中國走得太近者，後來移民潮漸漸和緩下來。泛藍陣營中有才能之士被推舉出來（中生代人物，馬英九、王金平的可能性高），其政敵的各種阻力並未奏效，中國樂見台灣出現這種領袖，對兩岸關係或許有些助益。此人沒有太大的做官野心，作事態度實事求是，積極並有遠見，將政策轉向中國，中國順勢從政經等方向對台灣發動三波影響。在台灣的新領導方向、大陸的大動作、兩岸利益與害怕等各因素，以及一些大台商鼓吹要加速大三通的腳步，不知情的人會為台灣的未來感到揣揣不安，來自彼岸龐大、突然且源源不斷的需求與交流，其中包括經濟商機、文化學術與科技互惠等，台灣顯得難以招架。台灣人民擔心成為廉價的台勞，雖有做不完的工作，但只能獲得可憐的收益，這讓習慣於較高生活水平的台灣人著實難以下嚥。

2010年後，兩岸間的明爭暗鬥又來到了另一個新的階段。大陸高層對台灣潛藏的台獨勢力與不歸心感到不耐，不同的政治制度實難以持久相容，大陸計畫對台施予更大的壓力。台灣人看到兩岸關係又再度緊張起來，又開始擔心是否會重蹈2005的武裝衝突，憂愁的氣氛又籠罩著寶島。

2012~13年間，兩韓對峙中的南韓在美日等國大力扶助之下日益強大，開始與窮途末路的平壤政權和談統一的大業，並願意提供相當好的條件來拉攏北韓。美日等國除了想去掉北韓這個長期的眼中釘，在與中國長久對峙的情勢之下，也想借此舉來壓縮中國向外發展的空間。統一談判經過相當的波折與多方角力，歷經數年後才終於開花結果。

其他—(03-3)

2009或2010年可能會有流星劃過台灣上空達數分鐘之久，這是否又是一次不祥的徵兆？

台灣在一波波大陸多方強勢影響下，自然促成了台灣在漢語拼音與大陸簡體字的開放，這些也慢慢成為台灣人能夠接受的語言文字。過去通用與漢語拼音的爭執，似乎也一去不返。

有一個為舉世注目的長期現象是人類對大自然的破壞與地球暖化現象的嚴重性，南北極溶冰的速度加快，北極過去要破冰船才可以通過的航道，後來一般的船隻也可以通過，更多的航道被開拓出來，意味北極自然生態會有更多的人為破壞。溶冰與海平面的升高，造成許多新的問題。低地與島嶼被淹沒的情況嚴重，風災、水災之情況也更常見了。少數的行業卻因禍得福，如全球的航運業，以及在高地上的建築業可說是遇「水」則發了。大陸與台灣的環境保育工作向來因人為的長期摧殘與缺乏適當的規劃，加上天災人禍與「發展重於一切」觀念的偏差，情況多見惡化而少見改善，例如大陸的沙塵暴與台灣的土石流都是明顯的例子。

但人心總是傾向「不到黃河心不死」。人真等到大自然反撲之時，受害的將會是自己與子孫，且一切都嫌太遲了。洪水加上引發板塊扭曲之大地震的影響，使得東南亞各島國災難不斷。至少有七個濱海的國家飽受水患之苦。雖處處見水，但皆有毒疾而飲之不得，一片哀鴻遍野，各地亂事叢生，多國進入戒嚴狀態。太平洋不太平，爆發了大小三百次左右的海嘯。

原從臺灣發聲的預言研究迅速地傳向所有華人世界與其他國家。預言者(們)不會自稱為先知，但卻富有能正確解開預言的智慧。東方人接受這些預言內容的人日多，但排斥與不信者也不少，許多耶教信仰者因預言者不是耶教徒，而寧願繼續信任自己所親近的牧師或神父的解釋。後來這些預言的內容也逐漸傳遍了西方世界，但言者諄諄，聽者藐藐。西方人不願接受，只信自己的幻覺，傲慢與排斥的心理作祟，普遍認為這是有目的的謊言或想像力豐富的小說題材。所以雖知預言，未來更大的不幸還是難以避免。

經濟──(E3-3)

中國在內亂武鬥與經濟衰退的暴風雨後漸趨穩固，人民將軍事對峙轉化為發展經濟，終於把沈淪的經濟給救活了。之後，中國的經濟突飛猛晉，過去的經貿花朵轉眼長成強大的經濟樹林。國力大增，濟助災禍未平的東南亞各國，也更積極地爭取南中國海的富庶資源，除了美國不放棄，仍緊緊握住東南亞的菲律賓，並重啟在那裡的基地之外，東南亞其他的九個國家紛紛加入以中國為首的跨國組織，共同在海底開採石油與開發其他事業。華人的經濟勢力遍佈亞洲，甚至在全世界都非常地興盛。國內經濟逐漸由原先三分天下的政軍分隔，蛻變成十個龐大繁榮的經濟各體，中國就像是一輛十輪的大卡車在高速公路上快意奔馳。睡獅已醒。

在這段期間內，歐洲與澳洲與中國的關係也越來越密切，雙方經貿交流的程度非常頻繁，更造就了中國的富強。世界的經濟版圖又重劃了一次。台灣雖不免有被邊緣化的情形，但靠著人民的靈活頭腦、技術與創造力，島內雖在政治上起起伏伏，但經濟整體上還是有相當的發展與提升。

軍事——(M3-3)

二十一世紀的前十年，兩岸經歷了罕見的風風雨與，第二個十年又會是個什麼樣的世界呢？台灣用錢購買的各類新式或現成的武器與裝備，多已完工且陸續地交貨，中共對台灣的軍事作為仍如芒刺在背。解放軍思考著還要面對多少次重新整備武力的台灣與不懷好意的外國勢力？這當然不是那些中南海的領導者所樂見的。

台海在2010後的發展並非是個萬里晴空的局面，甚至台灣可能會在2014-15年面臨另一次的空前危機，這次台北將可能會遭到中國的核彈攻擊。若兩岸人民與政治領袖不能好好地坐下來共謀生存之道，這個可怕的預言就會成真。不管這項預言是否成真，台灣終將於 2022 或更早的時間裡，實質成為中國的一省，名稱自然是「臺灣」。活到那時候的人若再回想起這段歷史，漫長的兩岸關係一路走來，是歷史的宿命、悲哀、喜悅，還是五味雜陳的悸動？

中國在聖王領導下，享受了數年美好的富強時光，不幸後來國內又再出現鬆動紛亂的現象。局勢竟然演變成讓當時三十七個省、直轄市與自治區各自為政的局面。整體國力走下坡的中國馬上吸引了外國勢力的覬覦，並且成為國內出現梟雄的溫床。

宗教——(R3-1)

宗教的力量在戰後形成重大的影響，尤其以信基督與法輪功的宗教人士最為突出，他們甚至以行動與信仰阻擋中國向南擴張的意圖。中共忌憚宗教徒在戰前戰後拉高分貝與聚眾的能力，阻礙與挑起反對中共政權的勢力，又在暗中多所阻擾，更怕其威脅到自己的政權根基，或與外國的勢力勾結。全國武警奉命大力進行宗教鎮壓，牽連甚廣，造成社會人心的動盪不安，人人自危，陷入困境的大陸經濟雪上加霜，但中共政權仍要全力把持著思想控制，絕不放鬆。

2013年後，中共政權還與北方的俄國合作，或明或暗地對宗教日益擴張的勢力進行打壓迫害，最主要的對象則是天主教徒。當時的教皇聽到空中傳來威脅聲音之時，會選擇向東方逃亡。該教皇會繼續在位九年後退位。

國外在此時期的宗教與社會情況又是如何呢？有一位巴爾幹塞爾維亞人描述道：人們開始討厭乾淨的空氣與神聖美麗，自願躲在高低階級之中。男女衣著不分。人們忘記了自己的祖先與血緣。最差勁的世代，只有衰弱的新生兒，沒有英雄。塞爾維亞人民一度向北遷徙，後來覺悟到自己的愚昧才返鄉。世界有無法治好的怪病流行著。人們雖有車子在月球與星球上行走，想要找生命，但卻找不到像我們這樣的生物。然而生命的確在那裡，只是人不了解其為生命。人知道的越多，越不愛人和關心人。人彼此痛恨，只關心發明物，而不關心其親友，相信機器尤甚於鄰人。不忠實，不信神，以惡為善，反抗政府，父子互爭，社會瓦解，宗教差異與道德敗壞，不信者偽裝是信仰者，反罵真信者為愚人。人不再服從，新書出現，相信末日將到，教堂人多，追求塵世快樂者想除掉其勢力。人民喜好娛樂，追求享樂，貧者富者之間難以區分。

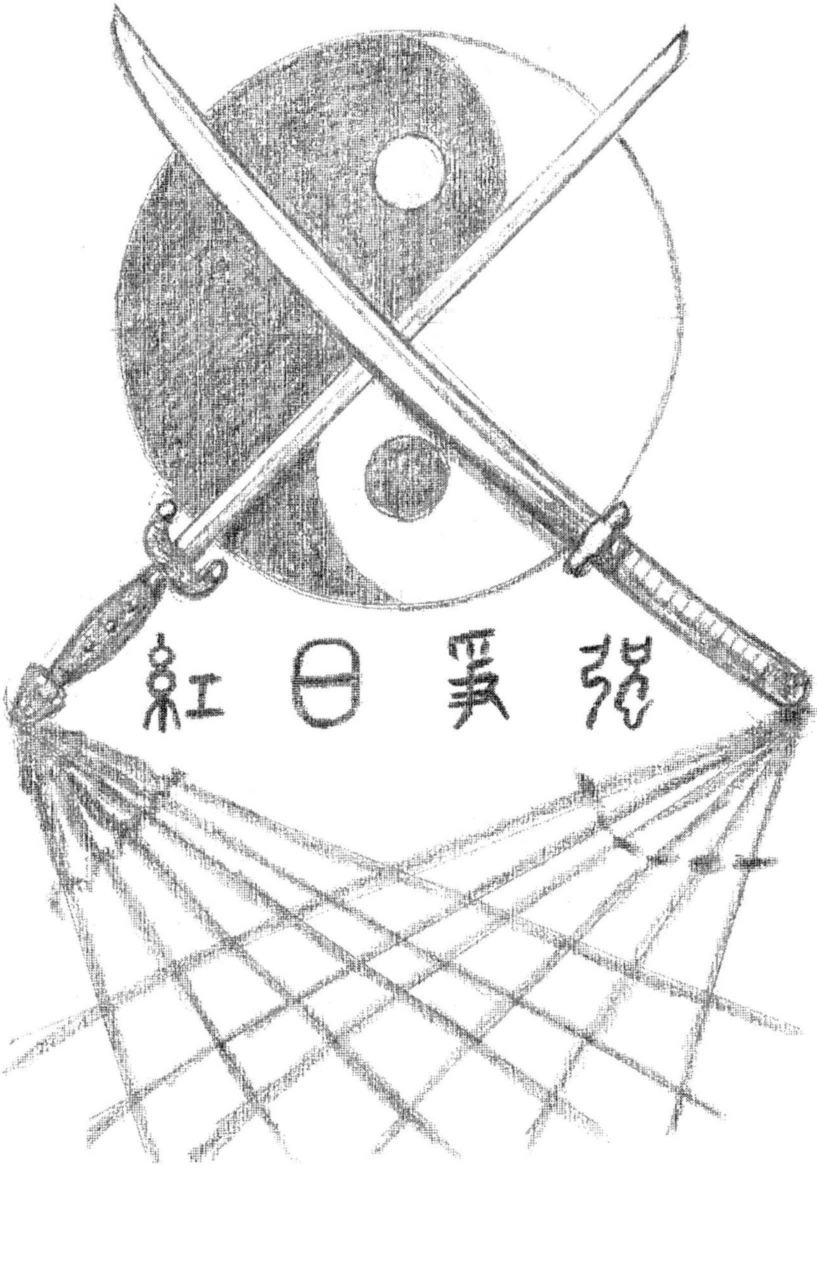

第四章　紅日爭強　2016-2019

中國出現五年危機，攻打印度

《Mario de Sabato 預言》

中國經濟被與美日的軍事競賽拖垮，山河混亂

《藏頭詩》

世界大戰從太平洋開始，中心在菲律賓，向外擴到全世界。各大宗教信徒互戰

《摩丁所見異象》

中與美日長期紛擾爭奪互鬥，中國頹勢漸顯，政軍不和。最後爆發戰事，美軍攻入南京

《金陵塔碑文》

長江三角洲百年來的繁華被戰火破壞與大洪水淹沒，人民死傷慘重，財產損失無數

《金陵塔碑文》

中國防守失利，兩廣受災慘重

《藏頭詩》

保留實力的賀君並不真想與日對抗，放眼世界

《武侯百年乩其二》

提倡重訂中國新疆界，重定中國的疆界範圍

《金陵塔碑文》《乾坤萬年歌》《武侯百年乩其二》

中國下手攻日，美日退軍

《Mario de Sabato 預言》

戰火再向外延燒到中南半島、印度、巴基斯坦、阿富汗

《Mario de Sabato 預言》

印巴大戰，印度後來為外力所管（中國），後分裂成三國

《西班牙預言》《瑞典 Anton Johansson 預言》

兩韓統一

《格庵遺錄第一、五、四十篇》

經濟──（E4-1）

全世界都在尋找與爭奪能源，中國也不例外，大陸的能源問題在戰後更加嚴重。海洋的天然氣與海上油田、開採已久的東部大慶、勝利、遼河油田與已有相當開採規模的西部新疆等各盆地之原油，加上山西、陝西和內蒙西部的煤與其他核能水力、火力發電廠等能源開採，雖然各類能源仍加緊開採生產，但因發展的大量需求，全國的能源顯得非常不足，而急需從外國輸入能源，偏偏能輸出能源的國家也越來越少，價格也越來越高，地球哪能在負荷一個「美國」規模的需求？國內各能源產地更加倍地被嚴密保護著，尤其是新疆塔里木盆地一帶。政府還鼓勵更多人民，尤其是失業勞工轉去大西部開採礦源與投入石化等工業，順便降低開發大西部的高成本，但那裡的生活條件也並不理想。中國除了能源電力等問題之外，過去南洋豐富的能源經

營權也多被日美等國奪去。中國的領導人只能向其他地方找尋資源的出路。許多城市與偏遠地區的人民失業與難以謀生，只得外徙謀生，或從事不法的竊盜行為，更加深了社會與國家的動盪與不安。

長久來的全球化經濟發展使各國在經濟上互相依賴，因戰爭對立的關係，許多原本彼此依存的商業關係被切斷，讓許多國家陷入長期的經濟困境，為了經濟與安全的考量，許多國家紛紛努力再謀求經濟自足的局面，但多半十分困難，此演變助長了世界許多商業政治同盟的形成，和更常見的向外擴張霸佔之情況。整體全球經濟還是低迷，也多是處於典型的戰爭期經濟狀態，甚至更糟。

能源與水源的問題之外，中國國家的財經問題在過度開發的數年後開始惡化，隱藏的問題陸續浮現。政府赤字節節升高，外債高築，人民生活極為痛苦，許多地方的糧食與民生用品都成了問題，政府雖嘗試用各種方法設法挽回經濟困境，但成效不彰。尤其是還要與美日等國在軍備武器上抗衡，與內部貪腐之風再興，國庫倍感吃力。

俄國的經濟情況不比中國好，長久停滯不前的經濟，貧富差距比十數年前更大，連帶政局經情勢不穩定，龐大的軍事開銷難以維持，其他國家為了避免俄國情勢惡化造成更嚴重的問題，仍繼續在經濟上支援俄國，希望維持其政權於不墜。當然天下沒有白吃的午餐，俄國政治也成了國內外各大勢力角逐爭奪的場所。

窮苦的人比比皆是，看不到任何翻身的機會。漸漸地共產主義的政治思想與控制又在資本主義的困境中又冒出頭來。

相對中俄的發展，美國在海外拓展競爭的成果除少數亮眼的例外，即使美國用各種軟硬手段來強加於他國，整體成績不算理想。政府高層對長久困難的經濟也無力回天，愈來愈傾向「杜魯門主義」。一反過去的開放精神，美國民間也愈來愈排外。富國的保護主義使得較低度開發國家的經濟更加停滯，世界也更加動盪。這種發展使強調私有財產、市場經濟與貨幣交易的資本主義與共產主義間的過去對抗不僅未完全消失，反而再度死恢復燃，並進入不幸的最高峰。

經濟的困境連帶推動了大中國民族主義的高漲。許多共產理論學者繼續大力鼓吹，後來終於演變成為帝國主義。對外因資本主義國家長期的經濟低迷與動盪的社會，中國共產黨的御用經濟學家在提出「新資本主義崩潰說」，呼應百年前列寧以「帝國主義為資本主義的最高階段」。在國家政經關係越來越密切、互為表裡，甚至狼狽為奸的發展上，引用經濟學家態彼得的想法，認為資本主義未來最大的威脅是來自政治而非經濟因素，其不均、不義與自我污染的問題會使其自身的道德基礎垮台，最後只能轉向社會主義，即在其發展高峰上會毀了自己。錦上添花的理論家把唯物的共產主義注入獨裁的領導者意志，扭曲作為對人民思想統一箝制的工具。「新剩餘價值論」把人視為最富有彈性的，也是最可以壓榨與犧牲的商品，尤其是在資訊時代與知識經濟盛行的時代中，仍是以知識財富私有化的兩極傾向當作新階級對立的基礎，謀求打破知識與資本的獨佔壟斷，然而有一點不同的是舊理論多強調勞力者，而新理論則擴大解釋，強調對勞心者的邪惡壓榨與勞力者的惡劣貧窮處境。用新瓶裝舊酒的方式來抗衡國內資本主義者與國外勢力勾結的呼聲與勢力。此外，理論家也免不了對西式民主作出強烈的批判，認為民主的道路是內耗紛爭之最，無效率且金權充斥的偽善制度，中國不宜採用之，中國在國際間仍應走獨立自主，強化以黨領政之路，而最有治國經驗的共產黨最足以擔此大任。他們並以美國參加過許多大小戰爭，反駁所謂民主國家較不容易發生戰爭的說法，其不易挑起戰爭的假象只是與類似制度國家同質下勾結與壓迫他國的結果，並還會用其他形式，如經濟、文化等隱性勢力來進行其徹底的帝國主義侵略與擴張，將被侵略的受害者洗腦，時時考慮自身的利益，假冒正義之名，從未認真為他人謀福，每次遇到困難就想一走了之，留一筆爛帳給他人，還責罵對方無可救藥，真是好話說盡、壞事做絕的邪惡國家。當聰明的人民認識其本質，並看穿其炫耀奴隸式的消費型態，撕毀那些虛假的宣傳和資本主義所給的釣餌小惠後，就會起來打倒其統治，並推翻其罪惡結構。與西方世界的資本民主國家抗爭終會得到最後的勝利，因為那些國家的人民不是醉生夢死，就是貪生怕死，終將一敗塗地。

這些共產還魂的政治化妝師們希望能恢復共產制度，「並將之更新為時代的精神」以抗衡日漸混亂的國內外局勢，進而可讓高官們「冠冕堂皇」地奪取資本家所累積的龐大利益，與團結分歧的民心。

資本主義對世界有其貢獻與弊病，過去有人質疑過為何資本主義只在歐美等西方國家能夠成功，而在舊共產國家或第三世界施行時則是問題叢生，這不禁讓人懷疑所謂資本主義國家的目的，並不是真想要培養更多能與之抗衡的資本主義政權，而只是想為各老牌資本主義國家打造便宜原料、人力供應與銷售市場，以永續地鞏固他們的優先、強盛與領導地位。富者越富、貧者越貧的世界中，世界前百大經濟體就有三分之一是那些富可敵國的跨國企業，搭著全球化的順風車，結合各國國家的政治力，對世界其他國家予索予求。而所謂的借貸與支援，也大部分都是交換性質的，他們處理某些經濟狀況的原因根本是怕自己被牽連才被動地支援，並不是有什麼好心或道德的緣故。另外，資本主義者倡導「創造性毀滅」的消費行為也是快速消耗與破壞自然資源的罪魁禍首。地球上有一個美國對世界的破壞已經夠了，所以全世界都變成像美歐這類高消耗的資本主義國家，在地球能源的本質上是不可能的（除非人類能有無限的能源可用），而全世界都採行共產主義或社會主義則是可能永續發展的。資本社會快速、甚至盲目的進展腳步除了滿足與擴大人性的貪婪外，還帶著非人性的扭曲。所謂的「民主」，說穿了也不過是有錢國家才玩得起的金權遊戲，而落後國家不過是強者物化、商品化的利用對象而已。加上伴隨資本主義而起流行文化之洗腦，哄抬製造出資本主義國家的勝利假象與優越感，同時也麻痺吸乾了肚子和腦袋一樣空虛的人民。在鬥爭中，共產黨應該先針對民主國家的弱點與分裂的意志進行分化、內耗，深化認同的差異，接著要從外部摧毀它們時就容易多了。

商人無祖國，但其他人卻有祖國，向錢效忠畢竟不同於向國家民族效忠，跨國企業關心保護自身的利益猶過於做生意國家的處境，同時也連帶地為擁有多數跨國企業的各經濟強權代言，富人結合起來保護自己的利益，使富者越富，貧者越貧，政府官員與黑道忙著與之分贓，更不管貧苦大眾的死活。在國際貿易由互補共榮轉為利用犧牲的商業關係下，弱小國家與窮人們最容易採取反全球化的行動以保護自己的地盤，也最容易被挑起反抗的情緒。在紅色政權下富商們的處境堪虞，擔心自己會不會成了過去鬥爭時「地主」階級的翻版。

自由市場像是個強勢政府國家作莊下的牌局，但不等同於資本主義，是合理化後與誘惑人的蜜糖。資本主義的自我調整，但仍有其不易調整的結構與強制性。修正後的新資本主義國家需要可利用的次級國家來吸收原料、能源與人才，並作為貨品銷售的對象與市場。領導者緊緊地握有管理調整的技術、資本與調配大權。全世界來支援全球化的市場內，領航者樂居上層享受豐碩的成果。在欠缺公正規範、與少數國家和公司伸出一隻隻「看不見的手」後，全球市場難脫助長惡質的資本主義，並假借各種好聽的宣傳，私下只是為了一國或少數大企業的私利。商場的勝利者宣稱其他人的經濟失敗是在所難免的，不必同情，因為資本主義的快車是不會等候窮人、懶人、盲人、弱智者和老古板的人。不幸的是，富人在情勢不利的局勢下，越來越看緊自己的荷包而不願負起社會責任與分享財富，因而在社會上製造的窮人也越多越快，窮人們在無窮的惡性循環中打滾，益發地無財、無技、無知、無德和無力，剩下的似乎只有唯一有理由活下去的廉價「希望」了。

財物損失對不同人的影響是不同的，有些人只意味著少吃頓大餐，但有些財物損失卻可能要人命。有錢人用金錢來買自由與安全，買不起的窮人就等著被剝削。不斷製造低價值的東西，因為淘汰的速度一快，商品價值下降的速度也隨之增快。資本主義利用人性中的貪婪等劣根性作經濟的推手，即使獲得強大，快速的效果，但同時也證明其本質的邪惡與錯誤。資本主義國家為經濟政治效勞的法律規範與救濟有時而窮，終不足恃。法律多如牛毛仍改變不了「違法者優勢」的存在，否則人也犯不著做違法投機的事了，長久下來自然會造成「劣幣驅逐良幣」的效果。

雖然面對國內強大走資派的反對，共產主義者深信有強勢的政治與思想領導，失意的商人加上可收買的資本家與投機份子，並有廣大的窮苦人民做其後盾，資本主義崩盤、共產政權東山再起的機會便指日可待了。

回到經濟現實面來說：看看 1950 年代俄國的經濟奇蹟與 1970-1980 年代的亞洲四小龍，亞洲奇蹟式的經濟榮景似乎總難長久。在前景看好時，世界有大量資金挹注進入經濟新興的國家或地區，而使該國家或地區從低經濟水平一躍而升，常使人印象深刻。但若缺乏永續經營的計畫與基礎，即是在制度、環境、資源、市場規劃、技術穩定成長與人才培育上深耕紮根，則這種中短期的繁榮往往只能出現一回，且往往會再跌回經濟蕭條或衰退的痛苦深淵。只為了追求每年都有穩定大幅成長的經濟，常演變成「殺雞取卵」式的短視作法。過熱的經濟活動若不作適當節制與調節，到頭來，任何稍微煞車的動作都會造成極大的人心震盪，甚至金融風暴與經濟衰退。國家經濟有如一列火車，雖然火車頭的力量越大通常會跑得越快，但若與車廂脫節，雖然能跑得更快，但卻已失去了火車的功用；或者火車頭發生出軌情事，則情況更是危險。一列火車不能沒有火車頭，但為證明火車頭的力量而製造、掛上更多的車廂，負載的問題也會更形沈重。若僅強調火車頭的能力與優先性，對原本整列火車的功能與目的也是偏差的。

將南中國海域的美日勢力大力排擠出去的中國在那裡大事經營，時時刻刻威脅箝制著日本、美國的資源與遠洋商業通道，美日無時不想奪回這條控制海洋經濟、資源與交通等命脈的要道。不斷的貿易衝突與糾紛種下了雙方日後升高對抗形勢的種子。

美國的國力仍強，但面臨許多國內的問題，如隨著二戰後嬰兒潮暴增的人口與長壽結果，高齡老化人口結構的社會經濟問題致使財政困難，新一代的政治人物與經濟學家雖努力想克服所面對的新舊問題，而經濟現象中總是有非理性的變數，難以預知掌握，成為造成日後大火的火苗。著名的經濟學家凱因斯曾說過一句名言：「在長期，我們都死了」。以折衷主張消費、加強公共投資的凱因斯學派和調節貨幣供給流量以影響物價的重貨幣學派作財經政策指導之美國經濟，仍有經濟隱憂與不時冒出的經濟狀況。經濟發展的困境與不穩定使市場的投機性越強，國家商業推展與財經政策也有更加短視的傾向。

過去美國政府以赤字預算造福此代，犧牲下一代的作法與後果陸續浮現，社會福利沈痾揮之不去，社會結構中「誰養誰」是個長久難解的問題，而政府以社福金投入股市的風險也並不小；又在國防軍事競爭的強大需求下，雖然短期間仍有高低起伏的波動現象，但長期的財政狀況也如滾雪球般地惡化。正如經濟理論中的「公共選擇學派」認為越穩定的社會越易受到特殊利益團體的影響，過去防範之道雖有法律規範來防止企業團體的壟斷寡占，但面臨競爭劇烈的經營環境，政治力成了商業擴張與穩固的最佳幫手，跨國和國內的特殊利益者往往更容易獲得絕對競爭優勢的優先性與大眾的容忍，國內從許多大型淘空的「信任缺乏」逐漸轉變到「強迫信任」的時代，廣大中產階級的影響力漸行消退，少數政經得勢的團體個人有如脫韁野馬、作風更加跋扈。政府嘗試應用「消費者付費」的觀念，想加重消費稅擴展財源，但造成通貨緊縮，社會減少消費，生活水準也出現若干停滯現象。

人心在長久的和平繁榮與忙碌的歲月中最易遺忘曾聽過的警告與應有的警覺。中國境內各大經濟體繁榮了許久的經濟也漸顯出疲態，互相牽累而衰弱。走到此階段的中國中央政府對沈淪的經濟是一愁莫展，無力回天，但卻更頑固無能地堅持想要抓緊大權。各省地方與中央爭權，紛紛奪取瓜代能據為己有的經濟與管制權力，原來的十大經濟體逐漸瓦解。取而代之的是「諸侯經濟」，以當時總數共有 37 個省、自治區、直轄市的黨政勢力各自劃分管轄區域，接管整合各地的財經勢力範圍。中國雖陸續向國際金融組織與銀行融資，但不是不接受對方開出的藥方，就是對方開出的藥方也無法挽救困難的財經頹勢。過去合作密切，但怕被牽連的國家也與中國漸行漸遠，許多國家以競貶本國貨幣的方式，希望能穩住本國的財政困難，不再向下沈淪。

世界上在許多貧窮或負債累累的人與國家已覺得走投無路，甚至希望銀行或國家可以倒掉，就可以不再還錢，在大亂一場後重新來過，此心態更助長了全球混亂的情況。

情況也不理想的美日等國見中國經濟出現衰退，可說是機不可失，在國際上宣揚「中國威脅論」，並先從原與中國關係密切的南洋諸國下手，擴張日美與許多國家的經濟合作版圖，在利誘威脅的手段下，南洋諸國紛紛改投入美日的陣營。這類猛挖牆角的動作對已陷入危機的中國處境更是艱難。此外，能源開採與海產漁獲量的衰減，使太平洋濱海各國為了爭奪經濟海域而發生糾紛的事件也是層出不窮。

政治—(P4-1)

台海戰爭後，朝鮮半島的人民統一願望與獨立性逐步迫使美國讓步撤軍。對美國全球戰略而言，日本在東北亞的角色更加重要，美國大力支持日本加入聯合國，增加日本在國際間的能見度與政治勢力，甚至美國還應許日本共同擁有製造核生化學武器，好好要日本扮演其美國在遠東的「代理人」角色。

美國雖仍相當強大，但其國防情報局（DIA）與最神秘的國家安全局（NSA）對外國敵情的蒐集、處理、運用與指導常常力有未逮，並有許多誤判與盲點。過去引以自豪的情報工作在最需要時並未發揮應有的功能，影響美國的全球軍事布署，加上國家政策與領導的問題，美國已無法阻止甚至應付全球到處爆發的火苗。

中國第四代領導人物帶領國家從大動亂中解救出來，也多凋零，接班的問題卻越演越烈，因為接班的第五世代正是許多上個世紀搞過紅衛兵，造成中國大動亂與國力衰退的動盪世代，普遍缺乏知識學習與領導能力，政情令人擔憂。又適逢日益險峻的國際形勢，新的政治人物不是扶不起的阿斗，就是只會逢迎拍馬、擅長內鬥的政客，真正關心國事的人比起爭權奪利的人有如鳳毛麟角般。國家領導者沾染各種陋習與腐化，成了抓權內行、治國外行的一群好大喜功人物。

中國與美日的軍備競賽有些像上個世紀下半期美蘇冷戰一樣，敵對氣氛下促使人總認為這是場「零和」的對決，過去的蘇聯被經濟壓力給拖垮了，中國的情勢也不樂觀，因不敵相對雄厚的美日經濟體，與龐大的軍備競賽而使經濟被拖垮。中國大量發行公債，強力徵收稅款以填補日益嚴重的財政赤字，軍需的通貨膨脹造成惡性的通貨膨脹，超印過量人民幣的結果引發難以回復的物價狂飆。人民幣狂貶更引發鄰近國家的競相抵制。結果人民對政府喪失信心，幣值更是狂瀉不可收拾。

不斷研發先進強大的武器，但國家人民經濟支持的活水已難以支撐局面。中國不想重蹈過去蘇聯瓦解的覆轍，便想在可預見的衰敗與政權不保前重作一場命運豪賭，想用拳頭來找到饅頭。

日本繼天皇明仁、德仁後缺乏子嗣，但天皇制度仍然繼續走下去。萬世不變的天皇制度在二戰日本戰敗後被改為國家的虛位元首，在日本國人與軍國主義政府的需要下又再敗部復活，成了精神領導者，實則像是軍頭的傀儡。回顧歷史，過去在公元1274與1281年元朝兩次入侵日本都遭到失敗的命運。如今又像是歷史重演，日人深信過去帶領日本戰勝不搖的「神風」精神一定會帶領日本軍民再一次打敗來自中國的威脅。揣揣不安的日本早因中國的強大威脅而急謀對抗之道，二戰後所制訂的和平憲法裡所謂「不侵不戰」的精神也早已被強調愛國教育的右派思想與不同環境的需求所替代，右翼人士將過去三島由紀夫等人創作的愛國小說與精神高捧入雲，他們並且強勢地悍衛自己與中俄韓各國之間糾纏不清的島嶼疆界。

戰爭——(M4−1)

中打印度

國際間因發生許多貿易摩擦，且有越演越烈之勢，各國人民積怨益深。遠東地區，尤其是經濟爭奪的大戰場，國際間充滿了衝突不信任、甚至仇恨。還有各國間的領土糾紛，如日俄間的千島群島爭議，南海各島嶼與資源間的爭奪，中印間的邊境劃分衝突等。雖然各國都不願以武力相向，但在各方都不願示弱的情勢下，似乎也沒有動武外的第二條路可走。

2016年前後，中國政府因戰爭、經濟與其他因素，國家經歷了五年的大危機，強大的外國勢力趁機興起，中國與外國關係轉劣。惡劣的關係隨著大小衝突更加白熱化。開始時，印度與巴基斯坦這兩個中國的西鄰爆發戰事，中國幫助長久友邦巴基斯坦，與印度對抗，雙方發生軍事衝突。中印戰爭過去也曾打過，這次戰爭結果並沒有決定性的戰果。但卻引起東鄰的支持印度的美日與北鄰俄國的介入，認為中國是亞洲的亂源。

中日爭強

二戰時，日本在中國的軍隊並不認為中國打敗了他們，重慶對他們而言也像是囊中之物，原爆後日本投降，戰事結束雖讓中國人欣喜若狂，但卻沒有太大的勝利感，歷史上的恥辱，甚至苦痛仍久存不去。中日之間的恩怨情仇即使經歷了近百年的和平歲月與相當大的交流，彼此的敵對卻沒有消滅，反而因為各種未決的歷史傷痕、新的態勢和利害關係，未解與難解的敵對擺盪態勢反而更加劇烈。面對崛起的中國與不可靠的朝鮮半島情勢，美國在本世紀之初便有計畫大力扶持日本建立起亞洲最強大的潛艦艦隊，日本自衛隊（JSDF）的強大海軍武力更是亞洲各國所瞠乎其後的，後來除了核子能力外，甚至俄國的太平洋艦隊也難與其匹敵。過去日本國內主張反對建立彈道飛彈防禦（BMD）的意見至此已明確倒向自民黨等親美派人士的主張。本來認為在2015都無法全部完成的低層與高層彈道飛彈防禦系統也在加速部署建立中。美日間曾發展過FSX戰機的經驗，至此，更積極地合作發展出更多的新式武器。美日政經軍事聯盟的關係更加鞏固。中國當然也積極地提升武力，對抗美日大幅成長的威脅。

日人有美國作靠山，有恃無恐，盛氣凌人，多方挑釁，並聯合中國周邊各國共同孤立中國，許多外國看到中國的情勢發展惡化，西瓜效應自不可免。中國國內外爆發數起外人欺凌中國人的事件，全國興起一股股排外的風潮，雙方都無退讓的意圖，關係緊繃，對立升高，雙方的怒火與誤會也越來越深，各國的大使館不斷成為民眾示威與洩憤的對象。最後中國與美日的關係降到冰點，先後召回自己駐外的大使，並封閉各自的大使館。不用說，飛彈也是互瞄著對方。

中國國內再逢動亂，內憂外患，使中央想到過去台海的例子，想到以團結對外化解內部的矛盾。演變到最後，雙方武力衝突如在箭弦上，當時躁進的中國領導人終於忍不住動武，攻擊美軍駐菲律賓的海外基地，但卻是個有頭無尾的失敗攻勢，反落人口實，中國並無妥善的攻防計畫，反而是日美早已聯合作了妥善的佈局，虎視眈眈地請君入甕。兩國用先進的科技成功地掌握了許多作戰資訊，日本原為內閣調查室所轄的情報部與防衛廳廳長密切配合針對中國沿岸軍隊的部署與後備部隊的情報，明智地擬定調動本國的正規軍（過去自衛隊已改名）與美聯合夾擊中國的計畫。兩國並挑撥中國與南洋諸國的關係，製造許多矛盾與衝突，趁中國的衰弱，以蠶食鯨吞的方式取代中國在南洋的地位。佔東南亞人口關鍵少數的華僑與商人們也被各國政府嚴密限制，甚至迫害，各地再興起一陣排華的風潮，華僑人財損失鉅大。

與歐美仍有重要經貿利益的俄國，並不十分支持中國，至少在表面上不能太明顯。甚至看壞孤立的中國，並想看看有沒有機會界機會撈到一些好處，中國曾向俄求援，但其回應卻很難讓中國領導者滿意。

經過十數年的努力經營，中國南方各省因南海的大開發而富庶進步。但因中國重兵兵力部署在北方保護首都，調度不易，其他的內陸軍區也因為需要防守鎮壓獨立異議份子與外國武力，而難以抽身支援，沿海各省成了日軍與美軍最想奪取的肥羊，從戰爭一開始就受到外來軍隊的猛攻。中國的首擊乏力，加上國內各部隊的本位主義，少有人願意支援其他鄰近的部隊，中央指揮無力，原本的攻守計畫被敵人識破而無法施行，只得且戰且走，各自為戰，甚至採用各種極端的阻絕手段。自中國短暫的初始攻勢失敗後，日美聯軍攻勢猛烈，美日等國的如意算盤是想一舉摧毀沿海各省的防衛力量，進而佔據、掏空或破壞中國東方與南方的最大的經濟基礎，奪走其經濟支柱，甚至造成中國內部長久的混亂與分裂，可讓中國至少在十數年中都別想再抬起頭來，入侵者將戰區以長江劃分開來，美國負責北攻，日本則強行南進。其他國家對遠東的戰事可能造成利益的損害抱持強烈反對的態度，並思干涉，無奈多因實力懸殊或其他利害關係而無法調停。

在外人猛攻下，中國沿海受創嚴重，尤其是經貿軍事的重心與港口機場都難逃兵燹，略嫌老舊的加強型FLG聯合超程防空系統難以阻擋敵人的猛攻，南北東西各條主要的交通幹道、高速鐵路都被無情和系統地摧毀破壞。因為美軍菲律賓基地受到相當的損失，美日於是決定拿下台灣做為對中國東方與南方攻擊與補給部隊的前進基地，台灣防守能力不足，在攻擊菲律賓美軍基地初期時就被炸得很慘，日軍順利地佔領台灣繁榮的港口，造成許多損失，並在島內策動親日人士作未來台灣獨立，甚至成為日本附庸國的第一步。臺灣在此役中雖屬於次要的戰場，但也無法避開戰火的摧殘。

然而，台灣還不算是主要的戰場，珠江和長江三角洲才是。在美日聯軍擊潰東海艦隊，重創北海與南海艦隊後，缺乏奧援的廣東解放軍無力抵擋日軍強大海空軍猛烈的攻勢，沿海遭到無情的摧殘，尚不及撤退的軍民死傷慘重，日軍強佔港、澳後，繼而兵分兩路，攻佔廣州與湛江市，想以雙箭頭分別向廣東與廣西兩省內陸進逼，最後一舉切斷大陸南方沿海的海路通道與補給線，如此，則已佔據的海南島與中國南方諸港都可確保，使南中國海盡成日軍囊中之物。日軍在兩廣大肆掠奪殘殺；另一方面，美軍的攻勢也是銳不可擋，為了一吐過去被中共在台海戰役裡被擊退的怨氣，美軍派精兵向長江三角洲的精華區挺進，佔領崇明島後，更多的陸戰隊與其他部隊也陸續增援，苦無對策的守軍，士氣渙散，無力抗敵，上海終於淪陷。戰火下，繁華城市成了敵人欲取予求、掠奪破壞的肥肉。隨著戰線的深入延長，入侵者的攻擊速度也緩慢了些。

美日打算在穩定戰局後，在上海與廣州扶植出親己的政權，中國也不乏這類親美或親日的政治人物，中國領導班子看大勢不可為，終於忍不住考慮要用「超限戰」了，仍擔心美日更大的報復，共軍想使用的雖不是可怕的大規模毀滅性武器，但造成的破壞結果卻更可能是有過之而無不及。處處失利的戰況中，為了阻止美、日大軍的長驅直入。長江在湖北西部宜昌的三峽大壩主體一直沒有洩洪，雖然按計算只要大壩連瀉七天的水就可將水位降到 145 公尺之下，水患的破壞將可被降到 100 公里內的範圍內，不會對中下游省份造成過大的破壞。但因中國軍方想玩這張手上的牌，用以威脅入侵的敵人，所以一直遲遲不放出大壩儲水，累積著龐大的水量。發電與航運都受到嚴重的影響。美軍認為中國不敢用水來將數十年來辛苦經營的結果毀於一旦，所以並不認為中國會出此下策，自廢武功。仍繼續執行既定的戰略目標，派兵遣將，在盤據長江下游後，揮軍北進中國，攻擊中國首都。雖不受傳言警告的影響，但美軍仍嚴密地監視著大壩，並嚴重恫嚇中國不得出此下策。

中國政局已瀕臨崩潰的邊緣，國家也被軍人所把持，然而中國解放軍手上仍握有龐大的軍隊與後備隊，許多陸基的武器也未被破壞，掌握主要軍權的吳姓將領卻用各種藉口，遲遲不肯調派赴沿海支援吃緊的戰區，這與過去中日八年抗戰前蔣中正的不抗日作法在表面上有些神似，但如此做的目的卻相當不同。戰敗後撤的中國軍隊接連兩三天大撤退，讓勢如破竹的美軍更像是進入無人之境，少數斷後的部隊也被打得七零八落。此時有許多傳言在被佔領區中傳佈，氣氛顯得異常詭譎，長江中下游的人民人心惶惶，紛紛向北、向西逃竄。

三峽大壩在建造初期便設置軍事嚴密防禦系統，如「大氣層內立體攔截體系」與在長江中下游部署的「反彈道導彈防禦系統」，後來隨著時間的演進，陸續有新的防護措施安置。但在某一夜晚，長江大壩突然遭到攻擊破壞，主壩體發生大爆炸，像是裂開了數百公尺的大縫，頓時洪範滔天，大水懷山襄陵，龐大的能量釋放，還引發了鄰近地方的大地震，不久主河槽與疏洪區都被大水所淹沒。一股高大的洪峰日夜以排山倒海之勢向東，所經之處滿目瘡痍。武漢地區首當其衝，水位仍不斷上漲，長江中下游的繁華毀於一旦，湖北、安徽、江蘇等省份首當其衝，尤其是較低窪及越下游的地區盡是一片水鄉澤國。沿岸許多人口密集的市鎮，如武漢、蕪湖與長江三角洲各大城市，都受到重創。從空中看下，長江成了一條寬廣的黃濁巨龍，到處竄流，長江下游各大湖泊雖有調節的功能也不堪負荷，長江中下游人民死傷逃難、流離失所，戰況糜爛，原本缺乏統一指揮的軍民防洪大軍，缺乏統整領導，在人民各自逃難下，幾乎沒有發揮什麼作用，損失極微慘重。接著飢荒與疫疾也隨著爆發，各省官員開始作各省大規模的疫檢防治工作，尤其是臨時的難民收容所，但總如杯水車薪般，後續病死、餓死的人仍非常多。中國長江流域下游一帶近百年的建設與繁榮幾乎可說是毀於一旦，哀哉浩劫，浪奔、浪流的上海灘。

一場慘烈的戰役下來，美國在國內也發生極大的動亂，各地的反戰示威者，有東方面孔的人與軍方、警方發生嚴重的衝突。美國出動各州的國家護衛隊全力鎮壓拘捕，也常常不分青紅皂白地亂抓人，不僅是中國人，日韓東南亞的人都不放過，造成許多日籍人士的抗議，加深美日兩國間的齟齬。白種人雖用名字來分別僑民的國籍，有時仍常常出錯。日本強烈抗議自己的大使館被人攻擊，日美關係一度陷入低潮。美國更因國內各種族與勢力的對抗，變得動盪不安。

中部水患災情慘重，在敵軍退去後，中國在水患區外安置流民，並在山區內大舉搜捕國內與國外的敵人。親美的人士能逃的也逃了，逃不走的多被打成是漢奸，下場多很悽慘。

政治——(P4–2)

兩韓統一

在國際局勢紛論，中國受到包圍攻擊，國內外都動盪不安的時期，北韓在中國自身難保與世界各國無暇干涉的情況下，在 2018 年的秋夜裏正式在南韓與南韓政府簽約，合併成為統一的新韓國，結束了超過十年的兩韓紛爭局面。從二戰後不久便分裂的南北韓終於將北緯三十八度線所象徵的對立與苦難送進了歷史，大韓民族意識也隨之高漲。隨著兩韓的統一，世界上的紅色政權似乎更加速萎縮中，但這發展並不會是負隅頑抗之共產主義的末路，反而開啟了更可怕的赤色風暴。

賀君奪權

不管是哪一國的政治領袖都不應該用內耗轉化的仇恨與不滿苦水，最容易轉換成侮外外侮的巨浪。

在中國與美日對抗越來越嚴重時，一位年紀不算大的吳姓軍人正在迅速從內蒙自治區西南部與寧夏回族自治區交接的賀蘭山黃河流域一帶崛起。有蒙古血統的他在戰場上是號英雄人物 X72，並是個強烈主張民族主義的共產黨人。他少即懷有大志，因為背景也很硬，所以從軍之仕途算是相當順利，也深得長官們的賞識，年輕時就升任軍中要職。

在中與日美對抗的多數情況下，賀君並沒有積極參與，支援吃緊的前線，而是用各種理由躲在後面不出兵，其實是在等待最好的插手時機。他在中國被敵人打敗後，全國上下都倍極羞憤，眾人把失敗的矛頭都對準腐敗無能並極頑固保守的中央時，他聰明地找到代罪羔羊作民眾的出氣筒。在日軍退出中國領土後，他回師後把握時機對中央政府作出總批判，要全國公審政府的文人領導者，並要他們為國家的災難，全國人民生命財產的損失與破壞負最大的責任，他還剽竊其他抗外將領的軍功，說是自己的功勞。領導班底面對要推翻政府的廣大呼聲仍是死不認錯並惱羞成怒，後悔過去信賴這個軍頭，真如同與虎謀皮，於是積極地想用其他方式消滅這個眼中釘與他所帶起的全國指責浪潮，可惜這些中國第五代的軍政領導者，手中早已沒有什麼牌可以打了，各地的部隊與人民都紛紛倒向賀君，結果賀君不但沒被除掉，還整肅了中央的領導者。被捧為民族英雄的他挾著全國的民怨，用民氣大報私仇，對黨政軍人事內部進行大整肅，有成千上萬的中國中央高幹與各地被牽連的人員受到牽連，甚至有功於他的將領或能幹的下屬也不放過。短期內就名正言順地竊取了國家的神器，引鴆止渴的人民戰敗的怨氣雖得到暫時的消解，但更大的災禍才剛開始。

暴力與激情過後，內憂外患不絕的情況下，賀君仍百般阻撓國家政府的重組工作，積極干預國家政策並安排自己的親信到許多高位上，招致許多人的不滿，有人批評賀君遲遲未對日本進行反擊的消極不作為是疑誤軍機，理應承擔責任，另有想推翻他的人開始在全國各地出現，賀君聞訊大怒，立下鐵腕，像過去毛澤東穩固政權的方式一般，發動大規模的群眾運動以鞏固個人的領導與崇拜，實行廣泛深入的思想箝制與媒體控制。為了整肅異己，還大興牢獄迫害，對親美或親外國的人士更是迫害有加，全國腥風血雨，年老有經歷文革的人民又再一次曾遭遇過的夢魘，戰後尚未恢復的國殤又再次淌血。支持賀君的軍民在國內到處燒殺掠奪，能成功逃避到山林的人大都存活下來，接下來，有太多對政府失望與恐懼的人們不想成為暴君的祭品，寧願冒著生命的危險也要從海路或陸路逃到外國。許多人的家園早被破壞，留在家鄉也缺乏生存的機會，更別提會有什麼發展了。賀君對外國領袖的不友善態度，間接地影響中國境內的外國人，許多人也陸續離開了中國。

除了槍桿子外，賀君也沒有輕忽意識型態與思想領導這些重要的控制工具。雖非貧苦出身的他看到了階級鬥爭的可能性，在中國戰敗、民生困苦、社會差距相當大的環境下極力鼓吹恢復純正無產階級專政的共產理想，反正貧窮的人通常最勇敢、也最聽話。他迎合廣大貧苦人民「盼闖王，迎闖王，闖王來了不納糧」的心裡，藉以凝聚廣大貧窮失散的民心拉向自己的陣營中，同時利用群眾運動來整肅異己。若將全國人民比作沙鐘裏一粒粒的沙子，不同於較溫和的政治改革，血腥的革命過程就像是快速地把社會國家中舊有的人民沙鐘圓錐塔形結構快速地翻轉過來，透過新的主義與意識型態（沙鐘瓶頸）將貧富政軍階級易位，限時重新洗牌，形成新的圓錐塔。他立刻要全國人代著手制訂並公布新的中華人民共和國的憲法，在槍桿子與金錢雙重誘惑下，人大代表所製作的新版憲法可說是專為他所量身打造的，使自己的權勢更大也更加地穩固。就在新的憲法下，他風風光光地登上了大位。他深知中國經濟的衰敗與社會的動盪，便保證中國人能馬上在世界的舞台上站起來，他的言語煽動力很強，勾勒出一個美好的未來，提供苦難的廣大人民一絲秩序與希望。不幸的是，他把中國人民帶向了軍國主義的道路，許多病急亂投醫的中國人迫於局勢與無奈，最後仍選擇跟從他。他還大力獎勵軍功，授予各種勳章殊榮給戰爭有表現的人。在後來的戰爭裏，各級八一、解放勳章或獎章與一些新的表揚方式都因戰功而頒發給許多軍民。並用中國傑出的體育選手從軍的消息，大肆炒作忠黨愛國的宣傳。中國人又都被迫去讀背紅皮的「吳語錄」。

所謂危機就是轉機，賀君要像是跌到谷底的苦難國人無須害怕，並向中國人民宣稱中國國運興隆的時候就快到了，因為他能帶領中國成為世界第一。不過人民必先要團結，努力從事建設與製造，把基本的生活和經濟面給搞活，同時把國家武力再搞上去。

中國平民開始大量外移入歐。黑白，紅黃的信仰者都來到歐洲。同時武裝中國人攻俄，俄敗。東西大文化血統交流。

新的政局與新版圖

現實面上，賀君眼見難以阻擋中國人民向外出走的情勢，便開始計畫好好利用這種趨勢來達成他的目的。在他所寫的「吳語錄」中，他鼓吹大中國版圖應恢復過去中國大清朝的疆域，向俄國與南洋討回過去的公道，並且還要有更勝過去元朝的武功，才配稱得上是真正的強國。因為他與蒙古的淵源，獨立不足百年的蒙古國很快就成了他兼併的對象。外國對賀君的公開聲明是又疑又懼，有人認為賀君只是在吹牛而已，他根本就沒有能力做到，只是個東施效顰的夢想家；而憂心的人則正視他的說詞，並聯想起二戰前希特勒所寫的「我的奮鬥」自傳與其明目張膽地宣稱屬於日耳曼人的「生活空間」（Lebensraum）。

野心極大的吳姓將軍就是賀君，在結束與日美對抗的戰爭後，利用全國軍民深覺戰敗恥辱的心理，用有限的時間積極訓練能在各種環境下派出去作戰的部隊，並加速努力研發製造各種新型與秘密武器，為未來的戰爭作準備。

勉強守住國土的中國在這次戰爭中顯現其有作第三波攻擊的能力，例如一敗塗地的中國解放軍在敵人第二波攻擊後，仍能將反擊的敵人給打敗，國際社會為之震驚，在心理上從懷疑衰敗中的中國，轉為開始畏懼中國的武力與潛力。也為領導的賀君之名聲打開世界性的知名度。這位傳說在出生時手中握有象徵前途光明血塊的新人物，會將中國帶向什麼道路呢？

戰爭——(M4–3)

中與各鄰國之戰

中國對外的戰爭更見激烈。先攻打日本。中日間的戰爭共持續了三年七個月之久(2016-2019)。比起過去二戰時中國的衰弱，當時敗給日本並不可恥，但本世紀強大後的中國仍被日本擊敗，這種恥辱是炎黃子孫們難以吞下的苦果。

賀君在原來掌握大權但抗日失利的將軍紛紛下台、長江一帶的危機解除之後，仗著有氾濫的長江作天險，而自己奪權的時機也已成熟，便在北方利用時間進行武力的集結。很明顯地，他們的首要目標就是要對付南方入侵的日軍，好不容易賀君決定揮師南下，解放軍繞過長江中下游氾濫區，經過四川，日軍早見美軍被趕出中國，自知自己在南方盤據的時間也不多了，佔領軍早已得知北方的中國解放軍之意圖，便開始有計畫與系統性地掠奪與破壞所攻佔的地方與資源。日軍不願久戰，得知解放軍南下逼近，就留少數的部隊拖延阻斷，主力儘速地撤軍，交戰雙方好像很有「默契」一般，你進我退地並沒有發生太多武力戰鬥，一副想保留實力的做法。日軍如狂風暴雨般地將戰利品搜刮或燒光破壞，家破人亡者不計其數。主要城鎮港口與一些內陸大城遭都到極嚴重的破壞，經濟上似乎已無法再與日美勢力競爭。中國長久在南中國海的軍經佈局也被日本侵奪。而賀君在驅逐日本後，也並未積極地攻擊日本本土，一方面覺得美日仍強，一方面有其他的野心。日美聯軍雖未長久地佔領中國的領土，但他們原訂目標似乎有部分完成了，但人算總不如天算。

2019時，中東突然被中亞帝國挑起了新的戰火，俄軍攻入伊朗與土耳其，同時在埃及與印度發生革命，中亞與北非動盪不安。俄國政府與賀君暗中密謀向外擴張，不相互威脅消耗，以向外的行動凝結國內的團結向心力，轉移不穩情勢與人民的不滿。

後來，中南半島與南亞陸續出現緊張局勢，中國對陣前倒戈的中南半島國家心懷不滿，在驅逐美日入侵者後，決定好好「懲罰」這些過去的友邦。不久後，軍力相當強大的印度與巴基斯坦之間又為了克什米爾與宗教紛爭等問題發生軍事衝突，因為宗教與國家的長期對立，雙方彼此仇視已久，各國談判斡旋皆無效用，終於爆發大戰。雖然雙方都互射飛彈並派遣為數甚多的軍隊，但雙方都不願採用大規模殺傷的毀滅性武器（WMD）。戰事互有勝負，但一時也不能在短期內徹底擊垮敵人，而形成可怕的消耗戰。雙方人員財產消耗日益嚴重。中國的賀君不願見到西疆與南亞出現長久的戰事，恐會波及他的勢力範圍和中國辛苦經營建立起來的大西部，於是決定插手兩國間的戰事，並思利用兩國兩敗俱傷的機會擴張自己在西邊的勢力。中國派軍西進，軟硬兼施地脅迫巴基斯坦與印度停火，並長期派兵進駐兩國，表面上是為了和平，骨子裡則是為往後的西進鋪路，並接管解除了兩國重要的核武能力。而印度在停火後也想脫離其外緣與世界其他地區的戰爭風暴，而漸傾向中立，然而因宗教種族的問題，局部性衝突與對抗也仍難避免。接著，阿富汗也因叛亂份子流竄藏匿等關係被牽連進戰火。

中國解放軍像是脫離柵欄的猛虎，接著對中南半島，印度，巴基斯坦，阿富汗發動攻擊，結果也造成這印度被中國攻佔的命運，作為賀君西進的的前哨與補給站。賀君在一連串的軍事勝利後，使他原來對賀君西進策略保持高度懷疑，認為對這麼多國家作戰是不可能成功的將士們都閉上了嘴，也或多或少地被勝利衝昏了頭，這股意志與驕傲甚至傳播到遍佈世界的華人，而賀君的聲勢如日中天。但不斷戰爭的代價是在這段期間，亞洲各國間的動盪，使數百萬人死亡，全亞洲經濟衰敗，人心痛苦，連帶牽動到各種宗教的復興與關注。

法國會被英西義瑞士比利時五國指控失察，因為原與法國關係親近的北非阿爾及利亞和突尼斯會被伊朗鼓動去侵佔埃及，作為他們拔除親西方國家的擴張障礙[173]。

其他──(04-1)

天災人禍並行著，在中日大戰前後的一段日子裡，天象異常，世界有各種天災與飢荒，為了找食，連樹根都被人刨起[167]。未曾見過強度的暴風、地震。海水淹沒陸地，也有陸地沈入海洋者。澳洲發生強烈地震，裂開來，並有大塊的陸地沈入海中，後來招致外國的覬覦。中印都有無數的人死亡，廣大的中國人民因極度的生存困境，更為了躲避隨時還可能發生的戰爭，開始想盡辦法大量地向外遷徙，其中許多是非法的偷渡客，許多人跑到重整中的紐、澳，更多人向美洲移動，這些人其中有部分是有錢或有關係的人想躲避戰禍和日益嚴峻的國內敵視壓力。然而因地利之便，有更多的人從陸路穿過中亞，從新絲綢之路向歐洲遷徙。

根據世界人權宣言，歐洲許多國家有提供避難權，這對想逃離戰禍、暴政迫害和謀生的人尤其具有吸引力。賀君掌權下的中共政權表面上嚴禁，實施上是睜一眼、閉一眼的，除了對重點人物與資金做嚴加把關或不予放行外，一方面無法完全掌控管理，施行面困難，另外更想藉此抒解龐大盲流的威脅與內部問題。各國對此現象嚴重地警告中國必須限制其人民出境，然而實際狀況並未有太大的改變，因為除了各國合作互信不足外，國際即使想也無能力在經濟上有力地支援中日戰火下所造成的巨大損失。常聽有許多中國人在外國遭到不人道的對待，但許多中國人民還是不斷地越過邊界謀求生存的機會。多數窮苦難民們雖沒帶出太多的財產，甚至不會說外國話，最後卻將中土整理出來的預言內容與信念帶到即將面臨崩解的歐洲大陸，這在後來歐洲人最痛苦混亂的日子裡，提供完全自我毀滅外的一線曙光。

隨著中國大量的外移人潮，與中歐的天災洪水，許多國家也跟著發生了各種大大小小的移民潮，南歐承受相當大的人口壓力，有顯著地增加的趨勢，但各種令人頭痛的問題才剛開始叩門，尤其是那些國家人口眾多卻不富裕的國家，如印度與中亞等國家。歐美幾乎被移民潮所淹沒。各國雖有國界，但常是由難民營與重兵加警衛牆所劃分開來的。各地不斷地爆發當地人與外來人之間的衝突，難民的希望常常落空，因為他們希望受到庇護的心願也逐漸被磨蝕。難民常在各國邊界地帶流竄，伺機滲透到各國境內，各國政府如臨大敵，諜報任務成了極複雜的工作，加上猖獗的走私活動，消耗極大的社會成本與資源，嚴重的還幾乎能動搖國本。

較講求人道的國家一時成了難民們蜂擁而至的馬蜂窩，在風中搖搖欲墜。世界像是個不設防的地球村。

世界各地的難民也紛紛湧向北美，現代交通工具的方便使得要阻止為數眾多且來自各方的難民成了幾乎不可能的任務。美國本身的情況也並不理想，還要面對極龐大的難民潮。不需多久就可以看出美式人權的底線，在所謂自由、生存、福利與環境權等權利上，一些人比其他人更能享受到「人權」。難民自然有了各種等級，有錢的，白人與有色人種又開始有了重大的區別，似乎一再驗證著沒有錢的人是不配享受人權的。新的難民營也在原本人煙稀少的地方一座座蓋了起來。美加國內也編制了專門抓難民的部門處置這棘手的大問題，他們到處抓人，結果製造了更多的衝突與問題。難民中不乏滲透臥底的外國第五縱隊，暗中進行滲透與破壞。當然也有許多沒有受到合理對待與尊重而忿忿不平的難民，像是一顆顆不定時的炸藥，在邊界、海港邊隨時等著引爆。到處都傳出糾紛與爭鬥，美國政府極力封鎖這些消息，但紙總是包不住火的。美國人民對這些外來的人漸漸由同情幫助轉變態度為鄙視排斥。衝突越來越激烈。許多有親友在美加的難民和國內的迎拒兩派勢力更形尖銳地對立起來，社會極端地不穩定。原本守法的人民也主動或被動地違反了法律。因為舊有的法律也難以面對這種複雜的挑戰。

更糟的是曾為國際最大經濟體的北美經濟已危在旦夕，股市早已無限期停止，黑市充斥，物資缺乏，能源嚴重不足，整個國家像是欲振乏力、動不起來。原本因戰亂被世界盯緊的美元，本來是奇貨可居，形成美元的通貨緊縮。為了應付海外的戰爭與國內的諸多問題，美國政府開始猛印鈔票。後來的調整操控效果不彰，加上各國仿冒的美元充斥，造成了通貨膨脹，人人反而不敢用，金銀貨物的身價看漲。食物與民生必需品因天災與劫奪更是珍貴，過去一向富足的美國人，作夢也不會想到有這麼一天的到來。

新起霸山

第五章　新起霸山　2020-2022

中東木葡之人在2020年出頭，將影響世界

《藏頭詩》《Dixon》

有刺的大玫瑰出現與基督再來之假象與預言

《諾斯查達姆斯預言》《藏頭詩》《一位愛斯基摩女人預言》

賀君到中國中央政府，營私結黨，排斥異己，權力膨脹迅速

《武侯百年乩》

木葡出現革新基督教會。世界有短期大和平，各國紛與之聯盟和妥協

《諾斯查達姆斯給子書信(1)》

亂世中，中國的新軍事領袖，血腥霸氣地崛起，賀君進行奪權竊國，蒙古後裔，姓吳，很有才幹，為一

個政治操弄者，喜用佞臣，如秦劊般陷忠良。賀君的屠殺統治，眾民屈服，諸國臣服，流民則四散走避

《金陵塔碑文》《武侯百年乩其二》

中國人民開始避難，大移民，陸續有約七、八億人向外移民

《Mario de Sabato 預言》

東方人以不被動搖的信念西進，有大混血與文化的大交流，入侵者帶有預言性的智慧，歐洲不致於自我毀滅

《Mario de Sabato 預言》

更大風雨前的寧靜，世界和平維持 209 天

《乾坤萬年歌》

以色列發生的怪事

《聖經啟示錄第六印》

各大宗教人民對抗，遠東人民有新宗教興起，眾多信徒到巴勒斯坦找庇護

《摩丁所見異象》

新歐盟成立

《諾斯查達姆斯預言》《其他歐美預言》

彗星墜地，全球各地有大地震與洪水

《其他歐美預言》《Merlin 預言》

歐洲海吹起強風，夾雜大量塵土遮蓋歐、非洲

《其他歐美預言》

東歐有結盟、戰事，歐與中亞王談判

《諾斯查達姆斯預言》

地中海一帶法西斯人的肆虐與擴大的歐盟對抗

《Mario de Sabato 預言》

歐美各國厭惡自由的泛濫，反動成大右派

《諾斯查達姆斯給子書信(2)》

各國多見戰火，革命暴亂，政府崩潰，饑荒、疫病與自然災害依序發生

《摩丁所見異象》

賀軍武裝部隊攻俄，俄敗，俄之共產主義再掌權，大鬥爭

《Mario de Sabato 預言》《一位愛斯基摩女人預言》《諾斯查達姆斯給子書信(1)》《Dixon 預言》

政治——(P5-1)

賀君之立

中國有一位深具野心的吳姓軍人看準了國家動盪的時機興起奪權，因有軍功且會逢迎拍馬的情況下，這

新起的霸山不久便調入北京進入權力核心，並被當權者晉升拔擢成為新一代的高級將領。憑其靈活的外交手腕，左右逢源，結合了許多軍官，形成一股不可忽視的軍系力量，當時各方政客為了奪權，爭相籠絡他希望能作自己的靠山，他也隨著水漲船高，樂得在政壇中翻雲覆雨，益發驕縱狂傲了，身邊也聚集了更多的謀臣佞人。到後來的中國與美日衝突時，他更取代了作戰失利的其他主要軍方將領，竊取他人的功績，成為中國北方握有最大軍權的軍人，加上當時嚴重的軍人干政情況，情勢對他而言可說是一片大好。

在聲勢浩大、手段兇殘的賀君之威脅利誘之下，中國的大位一一被他所奪，最後成了身兼黨政軍的最高領導，享有絕對至高的權力。而更重要的是此人將在全中國與世界命運上造成不容忽視的影響力。中國在其統治之下，自此便走向了一條戰爭的不歸路。

新歐盟立與多國結盟

2021/2 因應危機重重、衝突不斷的世局，世界各國都集聚日內瓦的聯合國總部，聯合國安理會經由歐美強國的強力遊說與拉攏，針對中國與其鄰國發生的戰爭與結果，通過了一項制裁中國併吞印度與攻佔他國的決議案，賀君統治下的中國當然不從，積極整備軍備，這項決議案對世人有著致命的後果。

歐亞非美澳各洲有山雨欲來的景象，不管大國小國都產生了危機意識，紛紛努力地與其他國家結盟，希望能多一些保障與安全。3 月間在戰事稍歇中，歐美各國之間還進行大結盟，稱之為 L.A.(League of Alliance?)。歐洲並建立了擴大權力的新歐盟。但集體結盟的結果會類似第一次世界大戰之前的情況，並不能保證什麼安全。

宗教──(R5–1)

木葡之興與天主教會

2020 前後中東一帶出現一個相當重要的宗教人物，在中國預言裏把他稱為「木葡」，西方大預言家則以「木星」(Jupiter)來指稱他 V77。

在北緯五十度的捷克之地會出現一個個子不高的人傳播愛與慈悲。這個自稱為神聖者的人原來是個醫生，他用一種植物醫治許多種疾病，包括癌症與 AIDS 等，受到世界的關注與稱讚。

不久後，他又搖身一變成為崇高的宗教領袖，特出的言行與能力，不久便受到國際性的矚目。他享有大權力，有百萬人會追隨之，幾乎像神一般地崇拜他。他發現了一本古羅馬的舊經典 I25，說自己是神遣之先知，但他仍不被多數以色列人所接受，因而無法進入以色列國，改在以色列外、已建國的巴勒斯坦為中心向世界傳教，流散的巴勒斯坦人原來主要散居在約旦、以色列、西岸屯墾區、黎巴嫩等各國內，後來也有了自己的土地 III61 III97。漸漸地，對他的信仰在中東興起。在人心痛苦與思變的混亂世局，新紀元流行的造神運動下，木葡教主將其傳教大本營擴大到敘利亞、約旦等國家，主要影響遍及印度到法國之地 II60。他的特徵是身上總帶著一朵帶刺的紅玫瑰，像是為其「新婦」信眾與世人所準備的。當人看到血紅的玫瑰就聯想到寶血，又像是在警告想領得此信仰的人，要準備因被玫瑰梗上的刺扎傷而流出犧牲奉獻的血。他立下不少新的規範和行事風格，要人保持默然，好像人不說話才能真正表達奧秘真理的面目 V96。他穿鑿附會地借用了許多屬於東方式的神秘經驗與苦行方法，加上西方宗教的啟示內容與扭曲的經文解釋，成功地擄獲了世界許多受苦受難、卻又難以從即有宗教獲得解脫慰藉的人們。他用幻想做為行動的根據，嚴重破壞天主教會的基礎，讓各天主教會深受影響，並充斥著許多似是而非與浮誇漂亮的話語。他還強調舊宗教的種種錯誤信仰、行為與制度正是世人痛苦的根源。因為他所說的多少反應了當時的一些現實，加上到處流傳著相關他所行的一些奇事，趨之若鶩的眾人對他更加崇拜，歐洲也有更多的人想要追尋古羅馬時代的宗教。他不斷排除異己與外教，結果能大聲說話和發揮宗教影響力的新宗教人物，首推此人。

新宗教的影響下，在捷克布拉格今日聖 Wenzel 的塑像之處會立起一個新教堂的高塔 VIII5，用金和銀製成的 VI9。教堂聖殿之一被用金銀裝飾成古羅馬之模樣 II8。

新興的木葡教在埃及 Giza 大金字塔上製造出一個龐大金色的十字架，七天七夜，為籌組聖經中哈米吉多頓戰爭的神國大軍，進行招兵買馬的工作。引發世界各國的驚恐、懷疑與不安。對這個有如芒刺在背的宗教，中國的賀君也一直耿耿於懷，也鑄下後來他決定西侵中東，甚至歐洲的主因之一。這個迅速崛起的新宗教在短短數年內快速成長，信徒遍佈各大洲，中共看這個新興宗教比法輪功更加可恨與懼怕，因它能帶來對政權的內外壓力與威脅。賀君和老共產黨徒一樣是無神論者。尤其痛恨基督教與天主教。對在中國境內傳播快速的外來新木葡宗教信仰，更是不遺餘力大加撻伐摧殘。對回教徒的威脅深感芒刺在背。佛教徒雖然較為溫和，但過去中共對附佛外道之法輪功的長久鎮壓，與西藏佛教的嚴重對立，連帶影響對佛教的態度。

在中東方面，面對強大的新興宗教，以色列國內也開始有更多的人相信木葡教主所說的話，猶太教對此發展想極力阻擋，尤其是有更多的年輕世代投向木葡的懷抱。但此時從以色列的東方興起了一股反對勢力在猶太國度中努力傳播著，這個運動的領導者之目的是想在險惡的木葡勢力與國際環境下，從世界猶太人的十二支族中各選 12,000 名猶太人作耶教神之天國的首批子民，為的是作上帝的真正僕人，並在即將發生的大災難中為神作見證。由東方出現的運動領導者徵召全球的猶太人後裔，共選出 144,000 人，並在他們身上留下印記。

此人在招募猶太選民的時間正處於歐洲動盪的局勢中，2028 年中的世界國家竟出現了不到七個月、共

209天難得的平靜日子。不同宗教的煽動家與好戰份子紛紛忙著與假裝智者、木葡教主所在的國家結盟，世界各國也在結盟或忙於戰爭準備之中，而產生這次妥協的和平時期。但後來卻因為木葡的領袖過度負荷不堪，而在假裝憤怒中做了一項錯誤的決定，使天主教會受到血與火的洗禮V60。

2021~22年時當時的教皇於在位十七年後過世，法國大主教在其任內換了五個，最後選出的仍不被教皇所喜V92。因歐洲局勢的不靖，各國各有打算，義大利、德國與希臘都有推薦出新教皇的人選，但最後一位教皇被推舉出來的是另有其人，是一名特出的年輕人。教庭在風雨飄搖與內憂外患中，此教皇厲行改革，身負重建天主教的重責大任，親自出來傳教，要求信眾回歸原始教會的儉樸，並要求繳十一稅。他為國祈福，並嚴格排除塵世的過度自由與紛亂，造成教內與教外相當大的反彈。在其約七年的在位期間，歷經了極大的悲哀與相當的榮耀，真可說得上是「羅馬的彼得」了。

天主教被木葡教破壞了原有的秩序VIII41。木葡新宗教嚴重地替代與破壞了天主教會，並積極奪取原來天主教的權力與影響力VI66，用人為的法律來趕走聖徒196。許多有異議、反抗的神職人員都被木葡勢力所排擠，甚至處死。天主教同猶太人一般，許多人也無法接受木葡的說法和預言。當時有不少種流言在世界各處散佈著，多數都與聖經中的啟示錄相關，如說中國或回教徒是「龍」，俄國與歐洲是「獸」，美國或天主教是「大淫婦」，也有認為木葡為假先知者，由東方來的武力威脅正好像符合穿過中東兩河流域的聖經預言，各種說明氾濫，倡言基督降世與末日「哈米吉多頓」之戰的迫近。然而，這些多是牽強附會的解釋，使國家之間人心更加混亂與猜忌。木葡與其信眾對各種非自家的說法顯得非常憤怒，因為他們認為基督來了，而許多舊教會與選民仍在與之對抗，這些人和古時的猶太人與異邦人一樣，是未得到上帝啟示的頑固墮落者，可說是罪上加罪。宗教不相容，但政治人物卻對這像是能「呼風喚雨」的宗教教主尊敬有加。許多國家群起拉攏木葡國，用妥協或結盟的方式厚植自己的國內外勢力，並希望能增強政權的安全性。

回教徒當然不同於這新興的木葡教，也有感覺到很大的威脅，但因現實的考量，回教徒與木葡教徒之間的流血衝突還不算太嚴重。回教中的好戰份子看見木葡教徒對猶太人與天主教的敵對態度，也樂得多個助手，而木葡教人也對外宣稱不會與回教國家為敵。

此人後來被偽君子們與邪惡的力量所包圍，有許多不利的傳言使他蒙羞，他不算長壽的一生過程也是起起伏伏的。他的教導使許多國家走入歧途，欺騙了更多的人。他所預言的內容也會臨到他的身上，活得並不長久。最後，一個重鋼片將壓死他。其古老的智慧之書則會保留下來。

世界各大新舊宗教信徒間彼此互相攻訐對抗，遠東困苦的人民興起一股嚮往木葡新宗教的大風潮，苦難欲求救贖的中國人民也不例外，許多人在中日戰爭後受到木葡新宗教的感召，願意到巴勒斯坦尋求木葡教主的指導，接受這彌賽亞的庇蔭，以求得安全與宗教上的慰藉，木葡教主利用曲解的聖經啟示，宣稱末日即將來臨（真正聖經所說的末世是在西元二十七世紀之前的時候），他的徒眾身著長袍，頭上還理著光頭。雖然陸續在世界各國吸收了無數的信徒，但木葡宗教一直未得到以色列多數猶太人的支持。此新興宗教的強大影響力使中國政府想起過去法輪功的夢魘，由於木葡提倡的末世說與超越國界、群聚大眾的能力，加上新宗教急欲打破國家社會的藩籬以便吸收更多死忠的信徒，中共政權更覺得此新宗教蠱惑人群的能力遠比法輪功嚴重，因為木葡教不僅會搶錢、搶人、搶武器、更會搶人的心，對中國政權是一大威脅與挑戰，於是政府開始不分青紅皂白地全面鎮壓與木葡宗教和基督教相關的各種宗教活動，逮捕許多各教的信徒。賀君覺得此宗教非除不可，否則將難成他在中國的霸業。沒有意外地，這種鎮壓的方式與過去鎮壓法輪功一般，會越壓越旺。無神論者難以用其他宗教內容來駁斥敵對的異端邪說與勢力，只能一竿子全打成黑類，並以威脅利誘的手段進行防堵和恐嚇。然而，這個新興宗教的首領是外國人，處理起來也格外困難。不用多久，賀君的大動作便在國際引發相當大的關切，演變成外交與各宗教信徒間的劇烈衝突。

宗教與政治的關連更加密切，而兩個領域人物間的區隔似乎也越來越不明顯了。

中東出現重大的宗教版圖變化。對木葡宗教強調要打破國界之宣傳言論，與木葡簽約和平的世界各國政府因感覺受到約束與許多利害上的衝突，對木葡教的觀感漸由正面轉向反面。排斥宗教的中國當局當然也不例外，北京高層對出不窮的宗教信徒反抗事件更是難以容忍，然而多數高壓的作用不僅沒有消滅這新興的宗教，反而更助長了其勢力。過去中國大陸大力鎮壓法輪功的衝突記憶尚在，這波國外宗教所引發的致命吸引力更讓中共高層坐立難安。除了吸引力更強外，若執行強力鎮壓所引起的反彈對抗將更強烈，牽連的層面、廣度與關連將更難以控制。雖然以色列人民多數仍不接納木葡教主是「彌賽亞」或神遣之先知，但包含中國在內的許多世界國家仍有無數的木葡信徒都死心塌地地追隨聽從木葡教主的號召，並相信著木葡教主就是聖經中所說的救世主與他那套世界末日的解釋，他們要群聚對抗世間的邪惡政權，這些國家包括美國、歐盟、俄國與中國等當世強權。他們寧可拋棄一切，也要衝破各國國界的封閉禁令，就如同回教徒要到麥加聖地朝聖一般，他也用各種方法吸引人到巴勒斯坦作他的子民，並為他打一場美好的屬靈戰爭，其宗教的狂熱份子的言行，在全球影響到更多的人。即使許多國家宣布其為邪教，大力作反面宣傳與鎮壓，但多被信徒視為各世俗政府的抹黑動作，因為各國領袖都知道他們的來日不多了，所以才會採用更激烈的壓制手段。越挫越勇的木葡教信徒感動了許多人。新宗教為本已分離、複雜對立的世界政權發展添加了更多的變數。

經濟—（E5–1）

資本市場的大危機。美國股市崩盤，一日內跌破千點，創史上最大跌幅。

過去在 1998 年發生的亞洲金融危機。當時在國際游動的資金，一下子都被撤出發生危機的亞洲市場，造成極大的衝擊與各受害市場的困境。但在世界大戰中，除了軍火戰爭與基本民生的需求外，一般的商業資金可說是停滯的，許多行業都紛紛倒閉，或緊縮業務內容。因為各國的關稅壁壘都相當高，事實上也沒有太多的對象可以投資，甚至資金有無處可逃可用的現象。因戰火的關係，許多資料與借貸證據都被有意無意地破壞了。債務者對破壞借貸證據上是不遺餘力的，就算雙方明知有財物的借貸關係，也多成了死無對證的情況，全球化後債權、債務關係在混亂中消滅或重組。

歐元市場假鈔偽幣橫行，大國暗中也在操縱歐洲貨幣聯盟（EMU），引發歐盟國家間更大的不信任。因為統一的歐元使各國缺乏匯率的調節彈性，為求自保的各國不願在受集中調控機制的擺佈，造成不公平或被犧牲，也陸續脫離歐元體系，並想大量印製本國鈔，或增印歐元，而發生可怕的通貨膨脹，新舊幣制與匯率混亂，歐元成了過街老鼠，為各國所唾棄排斥，終致歐洲經濟體的分崩離析。

世界各國都在爭奪包括水資源在內的各種稀少資源。一個例外的情況是以色列在死海附近發現大油藏，成為新興的大經濟體，但這也許是禍不是福。

中國在賀君的統治之下厲行新共產主義的戰爭經濟，用以重組並強迫控制過去山頭林立的國內經濟狀況，並遂行供輸給其戰爭機器與新時代的建設，一般國內仍不脫高幹與「愛國」資本家的強力結合與剝削模式，而將過剩的人力推向國外或荒野，以爭取更大的空間與資源。

其他──(05-1)

2021 彗星墜地

先經歷一個不像冬天的冬季，戰爭的那一年春天來得很早，花會早開，草長得很快，糧食充足，士兵會像動物般吃田裡的小麥。

天空會有異象，出現彗星，百萬人可看到。天空科學家先前也未察覺，這實際上是彗星的破碎物體。代表毀滅和苦難 II91。其會造成久旱不雨和土壤乾燥，接著是巨大的戰爭與流血，會一直流到土耳其在幼發拉底河的主要源頭。酷熱的非洲大陸，有些地方鬧水災，有些河則已乾涸，無數人找不到果腹的糧食而餓斃。後來還有隕石掉落非洲一帶，發生史上罕見的大地震，尼羅河乾涸，埃及因大量魚死亡而變得惡臭。中非洲還出現大水，有百萬人因水災而死去。

彗星的重大壓力將推擠海洋，造成多國淹水。除了一些好的國家之外，都會被需求與瘟疫所苦。所有海岸的城市都會在驚恐之中，並有許多會被摧毀。這些城市沒有人活在神的律法之下。世界多國災情慘重，百手待援 II62。

自然變異，威爾斯的 USK 河會熱上七個月，其外向大西洋的 Severn 海會出現七個海口，魚被熱死。Bath 的水變冷且有毒。倫敦有兩萬人死亡，泰晤士河也染紅了，宗教被政治力壓迫著。

有三股洪水從英國南方的 Hampshire 郡湧出，將英倫島分隔成三部份，飲這些水者，其中一部份可長壽平安，另一部份則會餓死，剩下的那一部份居民則會驟然而死，埋之不及，大自然急冷急熱的力量在那裡作用著。接著是從英倫三島東部出現的火山活動會從南到北影響著英格蘭和蘇格蘭，雖然可怕，但這是大自然的神奇癒合力量，還可以滋養海洋生物，但人為破壞仍不停止。

在英國南方的巨變後，地殼板塊重組移動，連帶引發中東一帶也出現三處大地震，一東一西，還有一個發生在伊斯蘭教聖地麥地那。有大範圍的煙霧出現，為期 40 天，不相信有害的人吸入後都喪失了意志，許多回教徒也生病。等霧散去，天空在清楚可見時，接著卻又是一個新的大災難。西邊的地震是發生在春天四月裡的希臘與義大利西北部，造成希臘的城市被大水淹沒與爆發的兩次動亂 II52 IX31。

乾涸的氣候籠罩著歐洲，海上會吹起非常強的風，使人驚懼。夾雜大量塵土，滿蓋各國一直覆蓋到埃及、伊索匹亞和羅馬。有地震和閃電發生。

戰爭—（M5–1）

歐亞紛擾

2021春天時，伊朗帝國來攻義大利，也是木葡教最興盛佔據教庭之期。七個紅衣的剃髮者會到君士坦丁堡與三百個耶教徒對抗，並建立起兩條戒律，先是恐怖，然後是信從。三百個耶教徒被處死，一年八個月後他們的王被出賣V37。該七個人還會在義境佈下間諜，還在各水源下毒IV66。木葡教取代天主教，建立兩律法，崇拜羅馬的至高神Jupiter。先是逼迫人信仰，後則人群歸順VII36。回教律法被木葡律法取代III95。新律法佔據敘利亞、約旦和巴勒斯坦。此時也是發現大金子與貨幣的時候。

後來因為彗星墜地造成相當大的毀壞與後果逼使劍拔弩張的耶回對立歇手下來。位在東地中海的賽浦路斯島成為爭奪的焦點，這島北部親土耳其，南部多希臘人，彼此間長期不和。土耳其和阿拉伯人為了安全和擴張的理由，共同發動了對賽島的大攻擊XII36。義大利政府高層與中亞王協議和談，雙方暫時保持和平，但中亞王仍對此協議感到後悔。在2022/6，義大利西南的海疆與陸地爆發很大的戰鬥，雙方的熱戰與殘殺還是不能避免，歐洲多國盟軍後來戰勝並舉行慶祝 III6。

政治──(P5–2)

即使在 2022 年紛亂局勢的歐洲各國，新納粹主義者仍沒有得到許多人的掌聲，大家對上一個世紀的恐怖印象仍存在著，尤其是曾受迫害的國家或人民，許多短命的政權雖然是右派當道，但也對公開支持新納粹有不同的排斥程度，常視之為搗亂份子而予以打壓。新納粹者雖有極大野心的奪權計畫，但到那年的九月就被反對勢力所破壞失敗，俄美的強力介入是他們失敗的主因。

洪水前英國有邪惡且愚蠢的人出來當政，打壓正派生意人不遺餘力，卻放任野心貪婪者巧取豪奪。在飽受洪水侵襲後的會有十個地方政權興起，四個站穩得到王權，另外六個則成為毀壞英國的元兇。英國認為英吉利海峽必須確保才能穩固本身的安全，否則將會像北方的蘇格蘭般，遭到俄國與向紅軍投降後與之結盟的北義軍隊之海上威脅 III70。英國對外開始積極向對岸的法國海岸伸展，與那裡的法國地方領袖合作，緊緊地控制海峽。另外更與北歐國家如挪威等國小心保衛北海，阻擋蘇俄大西洋艦隊趁機攻擊重要的北海油田等海上設施。英國的各海港都會開放，但當倫敦的英國政府看到敵人的艦隊在眼前出現時會非常地害怕 II68。有無數的人跨越英吉利海峽，卻仍有 25 萬人無法逃脫 II94。

英法早已是核武俱樂部的一員，外來的敵人對兩國多少有些顧忌。歐洲在西歐各國的相對穩定下還能維持，不致於完全傾覆，但美在歐洲的地位卻變得越來越吃不開。

和談破裂後，各地戰事紛起，馬賽不寧 XII。地中海沿岸的拉丁語國家如義大利、法國、西班牙、葡萄牙等受創最為嚴重。過去是西葡殖民地或是信仰天主教為主的國家都在國內或國外發生極大的爭鬥。西班牙人因過度恐懼而變得善變，大膽又頑固。

就這樣，歐洲被各種勢力所衝擊爭奪蹂躪著，俄國、美國、中國、中亞帝國、木葡新宗教徒、回教徒、天主教徒、新教徒、阿拉伯人、猶太人、新納粹……，各派、各國、各宗教內的好戰煽動份子、各國間的新仇舊恨與爭奪。加上不時的風暴雪雨、瘟疫、疾病、飢荒的流行，整個歐洲動盪不已。

在歐洲與中東，常見交戰雙方使用美製武器互戰，甚至有用來對付美國自己軍隊的情況，過去一直作為世界最大武器輸出國的美國有這種結果也並不讓人感到意外。

世界與歐洲紛亂社會瓦解

在英國權力高漲，不久後，整個歐洲發生大革命。法國為了支援一個外國的戰爭，18到30歲的人都被徵召入伍。外國勢力(英國)控制著所有政府的力量，內部會起而革命。英國不接受法王所提之戰爭，島上出現暴政，價值觀也改變了。協談和約破裂，友誼被不和破壞，激起仇恨，信仰衰敗。

從北方來的壓力使歐洲的情勢混亂。歐洲各地仍充滿不義的事。有洪水淹沒無數的房舍，還有地震，範圍包括過去很少聽到地震的地方。

一隱士出來在2018年成為教皇，該聖人在位第四年(2022)時，受到木葡教的極大威脅，他要求教士只活在十一奉獻上，禁華服與舞曲，女人不戴金銀珠寶，這個嚴厲的教令立即引起全球天主教信徒與非信徒的極大反動。

法國在北緯四十八度有嚴重的乾旱，巴黎焦躁不安V98。首先反對宗教，數週內由南打到北，最後的十五日更是日以繼夜的動亂，死亡者眾，讓各大城都飄有血腥味。該各外國見此，不再支持法國當局，英國出賣法國。三日內法國將南北分裂，形成兩派對戰，惡的一方先強後弱，想摧毀教會，多個大城死亡者眾多。無政府狀態，暴亂流血，連老人也拿起武器，好人都逃離了巴黎，在大動亂下，巴黎被摧毀，二十年後還是廢墟VI43。法國遭到嚴重破壞、社會混亂與悲痛VII34 XII56。許多信眾財產充公。許多達官貴人被捕下獄。法國人因愚蠢和輕浮而有大悲慟。信神的法國西部還算穩固。教皇會送一個人來管控法國的情勢。西班牙不涉入但會入與教會共同重建秩序，梵蒂岡會空一陣子。巴黎被火燒毀，馬賽被水淹沒，其他城市也被火等摧毀。一個從奧爾良出來不受歡迎的人為領袖後，反革命的行動開始，布隆王將助巴黎進行一項大謀殺。布隆王後來統治法國東南的亞維儂。反革命成功後，法境才安定下來。法國有大改變。法國巴黎鐵塔被自己人放火燒，城內大亂。國內紛亂，行政區也各自為政。德國與北歐災情慘重，倫敦也是同病相憐。南歐伊比利半島發生飢荒與災難，許多人因而餓死。義大利西部海岸遭逢長達六個多月的乾旱 II84，也爆發了內亂，義國人彼此互相攻擊。法義大亂，教皇只得低聲下氣地向其他強國求援，地位大降 VIII7。

繼法國革命後，英國發生大雨與風，大饑荒，大壓迫監禁。更大的暴亂出現。英國、挪威與羅馬尼亞會被俄軍干擾 VI7。當時貪腐又邪惡的英國，有多種族來源的大國(英國)被大地震所搖撼。風暴與洪水海嘯是最危險的。國家被大水分隔，許多地方沉沒了，海上也有許多不幸。接著會有戰事。因為一隻虎與獅而喪失了其在東方的殖民地。

非洲的許多回教徒在惡劣的環境中也喪失了回教的德行，不斷地向下沈淪，這個原本鷹獅象羊豐富的大陸是真正地黑暗了。南北端人煙聚集的地方更是黑暗。

戰爭—(M5-2)

中敗俄

蘇俄邦聯面對艱困的內外問題早已是焦頭爛額了，邦聯內各國也相互不和。因發生許多與他國邊境上的衝突，國內分裂份子鬧獨立的情況更加劇烈，有時還有相互攻擊的國內戰爭。這對長久以來因財力不足而士氣低落、訓練裝備都嚴重不足、欠缺維修的俄軍而言，單單要應付國內動亂就已相當吃力，此時若還要面對強大的鄰國武力，更會是欲振乏力，有來自中亞回教勢力與中國的雙重威脅，俄國仍不忘想靠一己之力站起來，但其實已是時不我予。此外，俄國共產黨在中國同質政黨的推波助瀾下又再度強勢起來，並煽動對抗美國在中亞各國的勢力。俄國當局早就對中國在許多事件上一意孤行的作法，感到極度不滿，雙方的齟齬有增無減，兩大國的關係也急遽惡化。在南亞情勢稍微穩定之後，像是要決鬥的兩方，都擔心對方會先掏槍打自己。憂心俄國威脅的賀君認為必須要先下手為強，便開始計劃下一步的軍事行動。賀君所指揮的中國大軍部署於中俄國界邊境，作可攻可守的準備。他先聯合日本，並對俄國的太平洋艦隊進行策反，使攻俄沒有太大的後方顧慮。與中國合併的外蒙古不再能發揮作為中俄緩衝區的功能。賀君同時還在暗中鼓動那些敵視俄國的鄰國與分離獨立團體出來與俄對抗，使俄國疲於滅火奔命。

舉世震驚的中俄大戰終於開打，賀君對俄國邦聯的國家發動攻擊。俄國在國際外交上已被孤立，雖向向西方求援，但歐美國家的立場多是舉棋不定，除了覺得俄國的情勢已不可為，不願再被捲入拖累，此外對中俄之戰還頗有「隔岸觀火」的味道。雖然兩國的核武與飛彈都對準了敵人，但交戰仍是以傳統強大武力為主。

賀君的征俄大軍勢如破竹，一支大軍經蒙古攻入重要天然氣能源中心—貝加爾湖西部的依爾庫斯克（Irkutsk）要塞；另一支大軍則由新疆攻入與鄰國哈薩克（Kazakhstan）交界的阿爾馬第（Almaty）大城，俄羅斯的衛星國家抵擋不住賀君的部隊，賀君也對敵國提出相當寬大的投降策略，中亞的少數美國駐軍與賀君的部隊交戰失利，倉皇敗逃。賀君成功地進入過去元代察合台汗國的領域，中亞各國聞風色變。

人數眾多的解放軍用不比俄軍差的各類新式武器，並用先進的戰法擊敗敵人。中國的新式殲擊機性能不比俄國的蘇愷37差，頗有「青出於藍」之勢，賀君很快打敗了許多位於東亞與中亞、當時陷入混亂的俄羅斯聯邦國家，大軍從天山北路攻破中亞最大國家哈薩克，立即威脅俄羅斯本土。賀君精銳的裝甲部隊攻擊箭頭配合空軍與太空軍種部隊，以迅雷不及掩耳的速度挺進，所向披靡，舉世震驚。數週內穿過廣袤荒涼的俄國大平原，抵達烏拉山區一帶。此外，攻下貝加爾湖的賀君部隊，沿著連通韓國到俄國莫斯科、世界最長的西伯利亞鐵路西進，保護並支援南方解放軍的側翼。解放軍的後備軍隊與各項支援也源源地送往前線。賀君的下一個目標可能是裏海沿岸的城市或是裏海北部、通往俄國西部咽喉要地的 Kazan。看起來，俄國的主要精華區域不久後即將暴露在賀君部隊的砲火下。俄國雖仍握有大量核子武器，但交戰雙方皆懼怕發生不可預期的後果，而不願使用它們。

此次中俄之戰規模也算不小，而輸贏兩方相當明顯。俄國最高領袖為此下台，而中國則出了個戰爭大英雄—賀君。俄國克里姆林宮在戰敗後發生政變，原本較親西方的總統被人推翻取代，由親中的共黨黨徒奪權成功，積極與中國謀和。俄國新總統與被打敗的各國領袖都陸續地與中國賀君談和，並願意與中國結成鋼鐵同盟，協商共組中俄聯合武力，賀君並要求俄國新政府將中國的敵人視作是俄國的敵人。俄國民主的上院聯邦委員會與下院杜馬議會結果都成了名存實亡的機構，民主制度被廢除，大權落入重新復活的共黨手中，各地史達林與賀君的銅像又再立起，一場激烈、慘絕人寰的階級鬥爭再起，約有兩千萬人在國內鬥爭與集中營內死去。

歷史是諷刺的。過去俄國扶持中共，現在是中國扶持俄共。

俄國轉向共產政權使西方國家十分憂慮，雙方的關係也降到冰點。這時候俄國的軍事動作使緊鄰地中海的西方各國海軍都緊張起來，俄國黑海艦隊與向東擴張勢力的美國和北約地中海各國艦隊形成劍拔弩張之勢。

世界烽燹

第六章　世界焰烈　2023-2025

賀君開始對西方中東各國為期十年的專注與野心

《藏頭詩》

木蔔奪得天主教庭的軍權，更改宗教秩序，使教士們大流血

《諾斯查達姆斯給子書信(2)》《其他歐美預言》

中東亂局與聯合國停止運轉

《Samuel Doctorian 預言》

中亞王在俄戰敗勢力退出後，歐洲混亂，各王紛起時，取而代俄之地位，強大三年

《諾斯查達姆斯給子書信(1)》

俄揮軍巴爾幹半島

《德國 Alois Irlmaier 預言》《塞爾維亞 MitarTarabich 預言》《ErnaStieglitz 預言》

發生重要的暗殺事件，俄國與新納粹密謀報復敵人

《德國 Alois Irlmaier 預言》《其他歐美預言》

第三次世界大戰將持續九年，牽連 125 個國家

《西班牙預言》

東西開戰，紅軍狂掃布拉格

《捷克布拉格的一位盲人》《瑞典 AntonJohansson 預言》

美突遭恐怖份子核子攻擊

《Seer of Waldvierte 預言》

一些在北美發生的核武意外事件

《印地安族 Chippewa 預言》

俄攻擊北歐國家軍事基地

《Erna Stieglitz 預言》

俄分三路大軍與義、奧、德、瑞士、法、英等北約各國、駐歐美軍大戰，人禍天災，雙方軍民死傷極眾，後來法王興起，俄紅軍與新納粹大敗，中國紅軍逃回，俄並對西歐報復，大雲蔽歐洲天際三日，毒物使歐人死亡近億

《塞爾維亞 Mitar Tarabich 預言》《德國 Alois Irlmaier 預言》《英 Mother Shipton 預言》《德 Brother Adam 預言》《瑞典 Anton Johansson 預言》《諾斯查達姆斯預言》《諾斯查達姆斯給子書信(1)(2)》《Erna Stieglitz 預言》《其他歐美預言》

歐俄休戰

《諾斯查達姆斯預言》

法國在美國（或中國）之助，大部分倖免於難

《Mario de Sabato 預言》

戰後歐洲有大疫情爆發

《其他歐美預言》

英國在與俄大戰之後的時期

《Merlin 預言》

天主教教皇回到梵諦岡、被孤立、悲景

《諾斯查達姆斯預言》

天主教惡人出，墮落淫逸，背棄信眾

《諾斯查達姆斯預言》《諾斯查達姆斯給子書信(2)》

賀君中國陸續攻擊中亞與歐陸各國

《Mario de Sabato 預言》

北非各強權國向外擴張勢力到整個非洲

《其他歐美預言》

回教的大動亂，與非洲人攻擊阿拉伯半島

《伊斯蘭教一則預言》

印尼滲透攻佔澳洲，耶回教徒間的對抗

《以色列 David Kriss 預言》

歐亞非三洲烽火連天

《華盛頓所見異象》

經濟——(E6-1)

天災人禍不斷發生，且惡性循環著。世界各國追求與爭奪更有限資源的行動越來越明目張膽，甚至可以不擇手段。世界經濟的困境連帶新仇舊恨的敵對勢力趁機坐大，黨同伐異，擴張自己的勢力範圍，世人苦不堪言。紅色戰爭機器作領導起來革世界的命，想解決資本主義在惡劣環境下進一步深化不公平現象的問題，馬克思主義的幽魂又被人從墳墓中叫醒。基本教義派抬頭，昭告天下受壓迫的人都起來抗暴。眾國的金融財政系統紊亂，多數國家的經濟狀況在內憂外患且缺少外援的情況下束手無策。在貨幣與匯率等市場機制功能不彰下，金銀與能保值的東西又成為眾人搶奪的標的物。不論是大國小國為了避免國家經濟的全面崩潰，都想用各種偷搶騙當的方式來穩住惡劣的財政環境。結果不但各國經濟沒有起色，更紊亂的借貸與同盟利害關係，使得世界走向更危險的邊緣。能夠生存遠比履行商業道德更重要得多。

政治——(P6-1)

俄國被賀君打敗後，國家經歷了相當時期的動盪，情勢混亂。美國與歐盟各國面對俄國情勢的大轉變而憂心忡忡，深怕冷戰時代的蘇聯又再復活，兩大集團緊鄰，美國積極介入干涉俄國的政局，歐盟則意見紛歧，有主先下手為強，也有主張加強防禦，在外交上設法轉化拉攏俄國的政策。各國的步調並不一致，美國也無法完全說服他的盟邦。歐洲各國想用經濟的力量來左右俄國新的領導人。但美歐的威脅利誘反而使賀君與新興的俄國共產政權憤怒與不滿。雙方頻繁的試探與接觸免不了發生許多互相挑釁與誤擊的事件，兩大陣營對立交戰的情況已難再用外交途徑來緩和了，雖然在意識型態上各方有極大的不同，但大家都想保持冷靜。

在歐洲，巴爾幹半島東方興起了木蔔號召下的新國家，世界人民到那裡越聚越多，尚有理想精神的信眾普遍誠實與勇敢，但與巴爾幹半島主要的東正宗教並不相容，雙方本想和平相處，但終不可得。比較木葡教徒與人民，巴爾幹各國人民仍用自由來追求虛假與高貴富裕的生活，排斥神聖之美，以假為真，總喜歡想到他人之惡，並常懷仇恨嫉妒之心。最後使國家與社會紛紛瓦解，眾人離家出走，男女不分，迷失混亂。半島上的五個國家消失，同時也造成外國對因這類誤用自由的大反動，助長各國的右派勢力抬頭與後來的動亂。

賀君心向西方 10 年

坐上中國國家主席的賀君將自己的勢力向西推進，希望能在歐洲各國扶植親中的政權以取得保護權，將美國在歐洲的勢力徹底逐出，並對各國的木葡宗教與其他耶教徒進行整肅。在經濟上則是想好好地吸收歐洲的財富與技術人力，好充實自己因戰爭而吃緊的國庫與武力。

賀君向全世界宣傳信息，希望世界佔多數的各國貧窮人民起來推翻不管他們的政府。賀君會支持大家的理想，也就是要革世界的命！賀君自始向中國的西方共有十年的擴張計劃與行動(2023-2032)。新的成吉思汗霸業開始，時值元朝成吉思汗第一次西征後的八百餘年。

巴爾幹的新王

2024夏天多災多難，亞洲發生一次大地震，巴爾幹的馬塞多尼亞有動亂，俄國強勢介入，出動海軍想左右情勢，加上中亞帝國的虎視眈眈，西方各國退讓。

2023/4巴爾幹半島被俄國將一領袖扶植復位，並有新國家出現。新領袖與俄國和東方人的關係密切，後來的他命運將使歐亞非各國間短暫和平的努力被破壞殆盡。

戰爭——(M6-1)

暗殺事件

大戰導火線是由一件暗夜謀殺事件所開頭。這事是由一白一黑，兩個個子不高的職業殺手所引發，他們被不知名的勢力收買，在已危機四伏的巴爾幹半島上，以刀殺了一名當時在巴爾幹與匈牙利的一個第三號重要人物，因而點燃了可怕的戰火。在一個雨天的夜晚戰事突然爆發在歐洲東方，晚上各國要和平，但早上敵人已在大門。

暗殺事件後數日，就在七月底八月初時，俄軍又被海盜攻擊受損，憤怒且貪婪的俄國領袖認為這是西方國家的陰謀，便指揮早已安排、蓄勢待發的紅軍迅速突破與鄰國的國界V44。

在開戰前，俄國總統仍擔心美國方面的威脅，雖然美國早已被天災、難民、歐盟的干涉與國內的派系勢力搞得焦頭爛額，但事關重大，俄國仍不能掉以輕心，他便與矮胖身材的賀君和其他兩國元首密談，決定一起動手。俄國願意割自己的一塊土地與相關財產給中國，以取得中國的支持。並希望中國能從美國手中奪回台灣。俄國會在中美對抗時，與中國協同攻擊美國的阿拉斯加、明尼蘇達與佛羅里達州，俄國並認為韓國與古巴都會加入。賀君答應了，但只願提供有限的火力支援，因擔心日本的威脅，仍想保留實力。

為了報復領袖被殺事件，俄國突然發動閃電戰，後來，俄將中亞軍隊逐出歐洲，攻入土耳其，並攻佔君士坦丁堡。巴爾幹戰事爆發。

俄國南方大軍迅速攻下巴爾幹的貝爾格勒，並奪下土耳其的歐亞陸橋，讓黑海艦隊可以傾巢而出。在巴爾幹的戰事，主要是慘烈的空戰，陸上與海上的衝突反而較不激烈。俄軍還使用昏睡砲彈使人昏迷，但不至將人殺死。俄國成功地佔據已像是無國家的巴爾幹半島。這時的中國開始動手，派遣龐大的戰車縱隊快速地向東歐挺進，像是要阻止俄國的繼續進兵與穩定歐洲局勢，然而其真正的意圖並不十分明顯。交戰國家戰機將敵人的衛星射下，墜落造成很大的毀損。海面和深海的戰爭也比過去可怕。

巴爾幹半島上的塞爾維亞人不會參戰，半島的戰事多是外國人在打的，在 Pozega 空戰戰況慘烈，海陸軍好些。戰爭中有許多特別發明的砲彈被使用，能使人催眠失去知覺一陣子，再甦醒過來。

美國對過去911的夢魘並未終結，反而有更大的惡夢。就在俄軍攻入保加利亞的一個夏天接近中午的時候，美東的紐約曼哈頓遭到狂熱的恐怖份子以兩顆小型核彈的攻擊，死傷慘重，也幾乎毀了整個大城，美國頓時陷入極大的恐慌與混亂之中，經濟崩潰，人心動盪。美國見世界大勢不妙，無力也不願將歐洲衝突再升高而決定從東歐撤軍。

佔領巴爾幹後的俄軍食髓知味，加上中國賀君的大力推波助瀾與支援，認為沒有美國撐腰的歐洲大陸可一舉拿下來，再繼續向希臘和義大利挺進III3。在亞德裏亞海發生海戰，俄方動用戰術核武對付那裡的敵方艦隊。陸地上的攻勢中，紅軍不停地突破各種防線，並向前部署石灰和灰塵，使義大利的盧加下起了奶色的雨III18 III19 IX99。

歐洲各國因各國法西斯主義者排外的風潮大興，和各國組織發生嚴重的衝突，加上日益嚴重的美俄對立摩擦，各國中的派系互相爭鬥，部分找美國保護，也有找新興的中國強權幫忙（尤其是那些在海外遭受迫害的親華僑民勢力），還有想自立更生，以獨立的武力佔據著各大小城市與據點，互相攻擊，交戰的派系或城市都想取得最後的統一地位，各強國也在背後角力，以歐洲各處為戰場進行爭奪。美國為了對抗中俄的威脅，對歐陸的法西斯主義並無意打壓，想利用他們對抗東方來的威脅，反而不得歐洲盟邦反法西斯政府的信任。歐洲各國各懷鬼胎，互不信任，對賀君的態度也是南轅北轍，有些想向賀君靠攏投誠，有些則堅決對抗，當然也有努力宣揚自己中立地位者。實際上，過去中立國的地位至此也成了不可保持的虛幻之物。

南方王興起3年

南方阿拉伯世界的回教國家發生很大的變化，許多中亞與北非的回教國家利用中國擊敗俄國，俄歐交惡的紛亂時機，組成了一個大聯盟，想要恢復千年前哈里發時代的回教世界版圖與光榮，並趁機崛起，填補北方出現的權力中空，三年內中亞帝國在首領的感召下，各地的回教徒不斷地對歐洲，尤其是地中海沿岸的歐洲國家進行攻擊擄掠。因為長久的宿敵與本身掙脫回教約束後的墮落，他們對基督徒更是血腥對待，尤其是對天主教徒的迫害比起中俄紅軍有過之而無不及。

大戰之前，經教皇的邀請先找回放逐國外的大君王，授權治理法國。此法王興起拯救 Lorraine 和 Champagne，並能很快地終結戰事。此人其名簡寫為 P 或 R，Louis IX 的後代，古日爾曼帝王的後代，代表為「獅」。為一個首生之子，童年似聖人，年輕時為一大罪人被放逐，大懺悔信神後成為大聖人。被稱為「耶穌基督的扛十字架者」原為一王子，愛正義，美善。享有智慧與權力，已為大時代準備多時。他穿著白色的外套有紐扣一直到腳，胸前帶著一個十字架，騎著驢，一腿有些瘸，並為一無人可阻的武士與和平者。

西班牙與義大利之戰事

過去西班牙與摩洛哥曾因爭奪靠近摩洛哥的雷拉無人島而時有摩擦，此時兩國更呈現敵對的態勢，並牽動歐非兩大洲以及基督教與回教世界間又一波的緊張關係。雖經美國從中調停而暫時解決了紛爭，但雙方緊張的關係並未消除。

一般被外人視為熱情、驕傲、殷勤與有極端傾向的西班牙，這個過去愛金如命的老牌帝國主義國家，其人民被北非的利比亞強人所擊敗，2023/7北非人如潮水般地湧入歐洲，與歐洲的許多外來人口合流，造成相當的影響，北非人盤據西南歐一帶並稱霸後，繼續還有武裝者與一般平民在歐洲四處流竄。北非各國在上一、兩個世紀多是法屬殖民地，許多會法語的北非人入侵法國也是拜能說同樣語言之賜。

非洲動亂

在阿拉伯人與柏柏人居多數、多數人信奉回教遜尼派的北非，各國的經濟比起大多數的其他非洲國家算是較好的，但比起其他大洲的人民，這些國家的文盲率仍偏高。北非諸國自古以來與歐洲、中東之古帝國關係密切，夾雜著各種愛恨情仇與經濟上的利害糾葛，剪不斷理還亂。地中海的各大小島嶼成了北非人全面入侵歐洲的跳板與侵擾的地方。過去北非的阿爾及利亞在從法國爭取獨立成功前，估計曾犧牲過上百萬的人。各國雖有石油礦產，但存量並不豐富，在積極開採後已呈現枯竭，有相當一段時期中，各國的經濟主要由出口石油來支撐，但因坐吃山空的結果，經濟民生上顯得捉襟見肘，狀況急轉直下，各國的動亂不安也越來越明顯，本來就是人多糧食生產不足的各國，後來更因缺乏糧食而出現更多動亂，加上水源不足，各國振興經濟無力，只得另謀發展，見到歐洲的情勢混亂，對北非各國而言，提供了北侵的絕大誘因。

北非的利比亞仍與歐美國家關係惡劣，過去努力經營自己在非洲的勢力，現在在新的革命領袖領導下努力發展地中海的海上勢力，培養出一支有相當力量的海軍武力。世界動亂時期中，另外出現了一位法裔與北非裔混血的摩洛哥王子，野心勃勃地想向外擴張，成了非洲的新強人 V19。此王子有相當不錯的學識，為了方便入侵歐洲，還發行簡語，方便其軍民能很快地適應歐洲的環境 III27。在王子的領導下，非洲人從海上攻擊西班牙的港口與城市，造成沿海各地重大的損失，進而造成整個伊比利半島的不安 V61。該王子用多陣地的砲火集中攻擊，步步為營，擊敗來自英國威爾斯的軍隊，攻入歐陸 IV99。威爾斯的軍隊也在義大利受挫，羅馬人逃亡 II72。

西班牙因有人通敵叛國而戰敗 III20，節節後退。義大利也因被人出賣而缺乏領導者，同樣地為外敵所蹂躪，其他非洲國家與歐洲地方勢力也在歐洲爭戰 I71 III68 III33。中亞王則在西班牙整備其海軍勢力，部署於地中海東部海域 III64。最後，這王子的北進大軍會在穿越法西之間的庇里牛斯山以及到達阿爾卑斯山的瑞士南方之後，會遭到歐洲人從洛桑投射出來的生化武器之伏擊而受挫 III62 VI99 VIII10。

在德國的戰爭

同樣在 2023/7，在德境內的戰爭比起西班牙的戰事不遑多讓，死傷更是慘重。德國在二戰後開放湧入數百萬的外國勞工，多是土耳其與阿拉伯裔，許多與中亞帝國與其他阿拉伯國家暗通款曲，歐美與亞非敵對情勢成形後，排外之風也再起。不願再捲入漩渦中的人民，陸續向外遷移。而此時的德國軍隊也已不再是二戰時彪悍的鐵血軍隊，長久的經濟富裕使德國人變得保守且貪生怕死，雖仍有先進的武器技術，但整體戰力與士氣不佳、普遍厭戰。這時又受到支持與反抗法西斯主義勢力的嚴重撕裂。

若說木葡是宗教上的極右派，歐洲的新納粹就是政治上的極右派。在歐洲政治傾向上，各國城鄉的人民逐漸放棄了他們的舊有習俗，追求大解放並感到混亂迷惑，開始對自己與他人所擁有的自由感到厭煩與阻礙，右派勢力大興，強烈地打壓著左派。什麼同性、變性、雙性戀運動、勞工抗議、環保團體、自由主義者、新女性主義、異族通婚等等一律被打壓迫害，新納粹主義者又再興盛，以數千萬在歐洲的回教移民與猶太人為種族排斥的對象，不斷挑撥種族的神經，原本居歐盟龍頭的德法之間也漸行漸遠。而右派激進份子的行動常比左派份子更恐怖且徹底。過去歐洲在歐盟成立後，仍強調國家與社會的區別分際，然而常有右派團體的呼聲，此時各國的右派排他主義更加得勢，德國的極右派政黨如 NPD、DVU 等更加坐大。雖然陳列或歌頌過去納粹的種種在歐洲是非法的，新納粹主義者的種族論仍能死灰復燃，又因通婚的頻繁，新納粹為了廣招徒眾，也把種族的標準作了新的擴大改變或解釋，將新對象針對歐洲發源的白種人身上，藉以吸引更多的人加入。此時歐洲多數的國家政情都有震盪，領袖的位子也很難坐得穩，上下台的速度都很快。

藍色與藍灰色軍服之紅軍向西開戰的推展如下：俄軍首先在德國東南作突破，不過這支兵力是佯攻的誘餌。真正的大軍並不在這裡，而是分別以北歐、德國和義大利北部為進攻的目標。德國支持納粹的領袖與將軍們和德奸們也同步動作，帶領著許多效忠自己的軍隊與紅軍裡應外合，宣布推翻原有政府，並將槍口瞄準任何反抗的軍隊與人民。

進入德國之前，頭一個遭殃的便是捷克的布拉格。許多人被黃灰色的毒氣殺死，當該已成廢墟的這個城市被第二次攻擊後，幾乎沒有人存活下來。布拉格被摧毀，波西米亞也都荒蕪了。直到第二年才有少數人回鄉，戰事已歇，雖家鄉已成荒原，但後來的日子畢竟還是好過些。

俄國對北歐的攻勢是先襲擊瑞典、接著再打挪威和丹麥的軍事基地，主要目標在於毀壞而不在佔領。

此時，遠東的中國同時也以若干海空武力與導彈攻擊美國阿拉斯加州與加拿大西海岸，牽制的意味頗濃，效果並不太理想。

俄軍除了巴爾幹的軍隊，還有三大集團軍分別計畫由北中南、由東向西推進，中期目標在攻擊德國魯爾工業區，長程目標在英法邊境的加萊地帶，切斷英法聯繫，並控制海峽，將整個歐洲都納入其掌控之中。

俄軍行動快速，在一處祭壇向北、紅色屋頂的教堂內建立指揮中心，他們從匈牙利的布拉格出發。Straubing 和 Pilnersberg 之間的 Pragel Pass 是俄軍主要入侵的道路之一。

三支縱隊的第一支從多瑙河向西北到瑞士邊境，Regensberg 的橋已被摧毀，南方之軍無法推進；日內瓦被瑞士出賣，並未派兵救援。日內瓦市長與子和其市民在殷切求援中失望，並有大迫害和悲劇 II64VI81X92，國際間的各種貨幣與借貸文件都被丟入日內瓦湖 VIII28。這場大戰役也是一位嫉妒法王的歐洲名將被飛彈炸傷大腿，後來陣亡的時候 IV9 III100。

第二支穿過 Saxony 向西殺到魯爾區(為其戰鬥之主力)；

第三支來自西北，迅速西向柏林，灰色的軍隊將控制從多瑙河到海岸之地。

除了以上三支部隊外，俄國還有一支部隊用作穩定佔領歐洲局勢之用，藉以將各國轉為共產政權。計畫將德國巴伐利亞 Bamberg 城當作新的共產政權首都。

實際戰況是從一早發起起，南方的一支部隊從突林根沿多瑙河與捷克的布拉格而來，中央集團軍通過德國的薩克森，北方的軍隊則從西普魯士，由東北向西南的方向前進，也就是沿海岸、中德與阿爾卑斯山向西挺進，勢如破竹。從海上飛來的轟炸機與戰鬥機在瑞士、日內瓦(聯合國總部所在地)等城市上空爆發激戰，日內瓦受創嚴重 IV94 V85。在一個多霧的日子裡，俄軍拿下德國的 Rottenburg。加入西方陣營的波蘭與德國人民被打得措手不及，誰也料想不到竟會突然發生這種事，許多人逮捕下獄或被處死。過去自從俄國與中國開放國界後，難民湧出甚多，難民早就把東西方各國國界弄得十分模糊了。開戰後，逃難的難民與歐洲的居民更是把交通要道與高速公路全都堵塞住，北約各國陸軍即使想趕到前線，也無法通行。各國大亂，血腥與強暴的事到處可見。處處斷垣殘壁。紅軍將一切擋在前面的阻礙都予以摧毀夷平。向巴伐利亞逃竄的人民仍是混亂的。大約有三批難民群中的兩批會渡過萊因河，但第三批則會被敵人包圍。而住在慕尼黑，南巴伐利亞和奧國的人則不必太擔心會受到戰火的摧殘。

美國也無力阻止俄國侵入義大利。攻擊義大利的「紅色風暴」，是從匈牙利分出來，經過奧國、義大利北部和瑞士，攻擊法國東南部。而俄國的海軍則分佈在西班牙、法國與大西洋岸，從南方包圍整個歐洲，支援友軍在南歐的攻勢。連美軍的駐歐基地都被俄軍攻佔，並行大毀壞與殺戮 VIII80 VIII98 X65。遭到攻擊的義大利國內大亂，迫使天主教皇逃出梵諦岡，流亡海外，羅馬殘破不堪，宗教文物損失無法估計。許多人，尤其是神職人員與天主教徒被殺者非常眾多。此時也是木葡教徒的軍權在最高漲之時 II97。

美歐國家見俄軍的裝甲縱隊長驅直入、銳不可擋，開始全力反擊，執行一項龐大的殲滅作戰計畫，即是切斷俄軍的後路與補給。從全球各軍事機地有上萬架次的飛機從滿佈沙塵的機場起飛，紛紛在北海到布拉格一線上，不斷丟下 25 公分高的化學秘密黑盒子，這種會產生黃或綠色煙霧的可怕化學武器，能造成各種動植物的死亡，人會變黑，皮從骨頭上剝落下來，但卻不會破壞機器，所以可以看到橫衝直撞的機具或戰車繼續前進，而其中的駕駛人員可能都已死在車上。密集的投彈後，造成了相當寬的一個狹長阻絕地帶。一年內無人敢進出該「死亡地帶」。俄軍除了補給無法前送外，連後備隊也無法支援前線。

接著用黃色化學武器佈下了一條黃金線，強大北風夾帶濃霧與沙塵吹來，攻擊入侵部隊的眼與喉嚨，驚怕逃走。布拉格被毀。從布拉格拉到海灣。除了房子還立著之外，生物皆變黑死亡。風向並向東吹。突然東方的軍隊潰散，向北逃竄，但不會成功。

化學毒巷一經部署成形後，他會領導七支軍隊對抗 Hamm、Woerl 和 Padenborn 之間屬於 Bouleaus 區域四分之三的武力，切斷敵人的第三支軍隊。加入有決定性戰果的萊因河谷大戰，首戰爆發在 Alsace 之兩日大戰，奧國(安全區)與義大利助之。從法國 Metz and Nancy 運來大軍參戰。法敗德之納粹部隊。

北約與美國再編組兩大群空軍武力將後退無路、缺乏補給的敵人殲滅。困獸猶鬥的紅軍在德國南方會師後，以半月形的行軍態勢，由南向北吞噬任何路上的阻礙。

幕尼黑雖無戰事但有瘟疫殺牲畜。且有逃兵要偷他們的東西。人民躲在山林中，城鎮被毀。安全之地有多瑙河之南部，Watsman 山與 Wendelstein 之間的人也安全。

在有些巴伐利亞人還在玩牌時，俄軍就已殺到，眾人拼命逃命躲藏，千萬不要回頭去拿衣服。俄國的轟炸機將德國巴伐利亞雷根斯堡跨多瑙河上的橋全被炸斷。法蘭克福幾被夷平。

法軍另外在萊因河流域從多方追逐敗退的德軍。次戰在法蘭克福，該城 20 公里外的 Falkenstein 還算安全。法蘭克福幾乎全被摧毀，德軍大敗，退到 Siegburg 與俄軍會合。俄軍對德指揮官很火大，認為德軍反助了法軍，重擊新納粹之領袖，使之死亡。接著是極慘烈的 Siegburg 大戰。數日後德與俄後退到波昂南方萊茵河岸。

紅軍繼而想包圍佔領德國當時的首都科隆，迫使守軍投降，俄國人並以大規模毀滅武器威脅要求北約撤軍。入侵者終敵不過成群的西方飛機攻擊，反攻的德法與美英裝甲縱隊也從西歐開往戰區，成群的法 AMX 系列隱形戰車、美 M2 新式戰車與殘留的德豹三戰車有武裝直昇機群作前導反攻的矛頭，俄軍從薩克森攻入的大軍被阻擋消滅。戰敗的紅軍與新納粹部隊，搶奪人民的車輛逃亡。而波蘭人首先推出一個領袖，領導大家進行反擊。再退到科隆東北 60 英哩處，(Unna, Hamm, Suest, Werl, Holtum,和 Kirsch-Hemmard 之範圍內)科隆被轟炸得只剩 1/4 的城市還保存著。紅軍並有火舌從科隆向西北，西方和南方射出，但只有射到一個靠近 Berechtsgarten 的小城 Saurisel。科隆的戰事在西方成功造起跨河之橋後，大軍源源湧入，擊潰想包圍科隆的紅軍裝甲部隊。人民樂於從佔領軍手中重獲自由。居民拋棄毀損交通工具不讓撤退者利用逃走。剩下的德軍退到 Westphalia，緊接著是交戰雙方最後的大戰役。

在大戰役前，法王到 Bremen 的教堂聽彌撒。後用望遠鏡看著 Birch。在 Holtum 的兩顆 linden 樹中的十字架前跪下，張開雙臂祈禱良久。

有決定性戰果的樺樹之戰(Birch tree or Kirch)後(三日)，其中 Berdberg and Sondberg 的戰役最為血腥，血可淹到腳踝。法王帶眾人到接近 Werl 的 Schaffhausen 教堂發表一篇演講。東方入侵軍退過 Haar，另一場砲戰發生在 Obenheimer 的 Ruhr 橋。數日後在德國的最後大戰爆發在 Schmerleck 村(Lusebrink)灰色軍服的法軍大敗白、藍帽的軍隊。敗退的俄軍還在俄境內被西方軍隊追殺，在絕望的怒火下，他們幾乎全軍覆沒，極少數逃回，最後攻德的三大集團軍竟然全數被殲，絕少人能僥倖從 Unna、Hamm 和 Werl 回去報告戰敗的消息。俄國軍民在這場大戰中的傷亡竟高達 700 萬人，許多部隊與城市被美軍的高科技武器與飛彈所摧毀。俄國在考量下還不想與美國作升高戰爭層級，也許是準備不周全，也許是不希望有更大的傷亡。在極大的損失與哀痛中，但他們並未放棄報復之心。

這三日的大戰中，近百年來之萊因河谷的繁榮被摧殘殆盡，萊因河也成了一條紅河。三日戰火的雲煙並將遮空蔽日。

俄之大報復

戰況使俄國總統與全國軍民震怒，決定回敬西方一個超級秘密武器。雙方雖都有大量核武庫存，但多不願啟動這種兩敗俱傷、難以控制結果的武器。一架俄國飛機突破西方防空網，西飛到英吉利海峽上空，投下了一枚秘密武器。過了一陣子，突然在水下爆炸，頓時造成大地震，並造成人工的巨浪，像塔一般高席捲衝向英國南邊各大港的海岸線，Plymouth、Portsmouth 和 Southampton 市首當其衝，一個完全被水淹沒摧毀，另一個成了破碎悲慘的的城市，第三個從空中看，只能見到教堂的鐘樓。海水在冒泡，好像煮沸的水一般。

超級海嘯炸彈使該區的島嶼覆滅，也使該區的天氣受到影響，一月的天氣變暖，不像是在冬天。

在慘戰後不多時的某個夜間，日出之際?俄軍採取報復行動，派了一架飛機在英國旁的水域投下一顆炸彈，有紅色雲的天空像書捲起一般，並激起如高塔的水，海水也霧化了，造成大地震，極強烈的閃電會打在街上，還有巨大的海嘯，幾乎所有的英國和歐洲海岸到柏林都被淹沒，只有一些山峰露出水面。

同時，一個新的大陸出現，(亞特蘭提斯)，三個大城會沉沒，一個淹大水(英國)，大水淹完後，漸漸退去，露出更美麗的城市。第二個下沉(紐約)，第三個裂開(羅馬)，巴黎被居民放火燒毀，並毀壞。所出現的大暴風雨和大閃電，之後有大地震。人不應出門，沒有電，只有蠟燭可用。空氣中充滿了各種病菌，吸入塵的人會抽筋，發狂與死亡。不要打開窗，將之用黑紙糊起來，露天的水與食物都有毒。玻璃裝的也不可吃。毒雲三天三夜才散，日夜皆如夜，天空充滿著各種魔鬼。日蝕之色如火，消失不見，晚上沒有月亮，白天也會下雨。人將不再管任何財寶，逃命要緊。每小時都有數以百萬計的人死亡，死亡人數超過一戰和二戰歐洲死亡人數的總和。各國都衰敗了。歐洲像個大墳場。殺死了當時還活著的三分之一的人口、城鎮與作物，不時還有地震。戰後數年內，義之西南地區有牛蠅與蝗蟲肆虐，造成歐洲極大的瘟疫流行 III75 IV48 IX55。

這災後不久，兩敗俱傷的情勢下，雙方仍不放棄對抗交惡。歐洲人佯裝笑臉面對俄國，但仍設計欺騙俄國。西歐各大城市仍繼續遭到廣泛零星的報復攻擊。

極厚的烏雲密佈，遮天蔽日，籠罩在西歐上空，連續三天都不見天日，還有下雹。在英國，這致命的72小時黑暗中雷電交加，但不會燒灼，並有大地震。政府警告人民不要外出，卻要將窗門密封，以黑布遮擋，待在家裡祈禱，以蠟燭作燈，甚至不要偷看窗外。空中的空氣飄著死亡的氣味，暴露在外面的人、動物或食物都被污染，發生痙攣或死亡，死者的面目是又黃又黑。這場浩劫的結果，光是頭一日就造成超過第一次與第二次世界大戰歐洲人死傷的總和，極其恐怖。英國後來也爆發了內戰。多數人民開始逃離戰區與污染區，向南歐遷徙，南歐各國成了人口密集，難民充斥的地方。在德國，有些地區城鎮遭到毒氣攻擊，需要把全身包緊，最好找個洞躲起來，要八週後才能喝到乾淨的牛奶。俄國人多使用化學武器攻擊敵人，而新納粹為了奪權，手上可用的則多是生物戰劑。

後來從英法外海竟擠壓出一塊新的土地來，為受創嚴重的英國與其他地區的災民提供一處乾淨安身之地。

戰時之英倫三島戰事

倫敦會被俄國戰機摧毀，會有七王合攻之，英國國王會被人數約一個排的反叛護衛所殺(查爾斯或威廉)。

接著，新的英王會從荷蘭被推舉出來，能力平庸 IV89。

英國西南之民聯合起來控訴犯下偽證的南方 Winchester 政權與其人民。南方有著眾多的船隻，但其大城終將傾倒。在激烈戰事之後，英國國庫撥款重建南方的城市，吸引了各方來的垂涎，並蓋了一座周圍繞有六百座高塔的大皇宮，國家寶藏也藏於此地，並有許多密道，但這些秘密行動並不能隱瞞世人的耳目。倫敦之政權民見此非常忌妒，也加強三倍地保護自己。經過巨大的海陸變動後，英吉利海峽窄到兩岸的人能彼此呼叫且聽到對方的地步。但海中仍有許多可怕的潛艇讓人十分憂愁。

佔北愛爾蘭人口多數的新教徒與當地天主教徒又爆發似乎無止境的激烈衝突，宗教與政治交織的新仇舊恨再次點燃大毀滅的力量。連帶地，英國與愛爾蘭的關係又趨於緊繃。全球將近五十個大英國協的會員國也因戰爭而產生許多動盪與變化，許多還被仇視英、美的其他國家所攻擊。英國內部的內鬥也相當激烈，人民希望有如二戰期間的邱吉爾一類的領導人物出現，然而希望的結果總是落空。人少且較貧窮的蘇格蘭與英格蘭間也出現重大歧見與裂痕。

蘇格蘭的命運：

因美國的關係，英格蘭犧牲了蘇格蘭 X66，結果使人口集中在中部平原的蘇格蘭經濟動盪，例如大羊下顎骨價格在漲到最高價後，又會跌到沒人要，甚至連人都認不出那些是什麼東西。奇怪的商人取代了原來農夫。人煙稀少，整個高地成了鹿的森林。在可怕的黑雨殺了鹿和其他野生動物後，人會移民到新升起來的島嶼。之後再回原來之處取回還可拿的東西。

Ester Ross 的一條河會乾涸。蘇格蘭會有大迫害和流血，人可以踩著屍體穿過 Oykel dryshod 河。

愛爾蘭的命運：

北愛的問題更加嚴重。Ruadh 會與英國對抗，並會將愛爾蘭從困境中拯救出來，戰鬥後的一個月，北方會來另一個王，同一天會爆發三場戰鬥。Lochalsh 的 Ardelve market stance 會有大激戰與大殺戮。從 Strath 來的一個有權力的人和他五個兒子將終止戰鬥。Lewis 的 Ault-nan-Torcan 也有大血戰，該地之住民將被擊退到七哩外的 Ard-a-chaolais，並被屠殺。此外，Torr-a-chuilinn[Kintail]也有戰事。

愛爾蘭將有毀滅性的戰事而荒蕪，直到爭鬥的陸軍彼此相殺時為止，他們會來到 Harris 的 Tarbert。在那裡撤退的居民會突然停住，有勇士會拿著黑色的圓松木起來，帶領逃亡者反抗敵人。

戰事共延續一星期之久，之後在星期三，外敵就會被逐出他們的陣地，幾乎沒有留下任何東西。之後，愛爾蘭進入長久的復原期。

結局

鏖戰七個月之久，造成慘烈的戰事與天主教信徒的大犧牲 V62，而法國在北部盧昂和艾夫羅調動大軍的指揮部終能立於不敗之地 IV100。

俄國也因戰爭失利與國內再度興起的動亂，人民與政府殘餘的軍隊交戰，還殺來自東方的黃種人，死亡人數多到無法清理。最後見局勢已不可為，發動戰爭的俄國共產領袖終於以自殺來向世人謝罪，其政府也被新的臨時政府取代。而俄國人民也重新在信仰中找到苦難後的慰藉。俄國毀了世界，世界也毀了俄國。

大戰後俄國爆發大革命與內戰。俄領袖自戕，以血來洗罪。街頭死者之多難以清運。亞洲共產黨出現在俄國，接著有可怕的大屠殺與掠奪。俄國有極大悲傷，男丁死亡慘重，論婚嫁，七個女人才能配到一個男人，女人必須下田工作。但俄與法和美國之間的仇恨不因信仰而有消滅，埋下日後大對抗的種子。

此戰非宗教戰爭，但普遍有宗教意識，戰事持續相當久，沒有決定性的戰果。新的生化武器造成歐洲 2500 萬人的死亡。

像一陣龍捲風掃過，遭受賀君等紅軍兵燹的各國政府即使沒有傾倒，權力也大不如前，搖搖欲墜地衰弱下去。不過賀君的計畫卻因成功的軍事而漸漸失控，當各國政府難以在控制各地局勢時，賀君軍隊要面對的將是更混亂複雜的環境，也越來越沒有什麼出色的戰果，戰事仍在法國東南零星地進行著；另外，以遠征軍的人數與補給線過長的問題等，賀君能在歐洲與中亞做的事其實是有限的，賀君無法對付從各處冒出來的勢力，也無法有效地扶植起強而有力的臨時政府以控制秩序，雖然他還是不死心，在未來相當長的時間，仍不放棄他未竟的理想，專注著歐洲，並想用外籍兵團來代打，但漸漸地他也對西方的局勢覺得有些力不從心之感。

賀君攻勢受阻，又缺乏俄軍的輔助，顯得有些進退失據，也無法久留，後來帶著痛恨美國的心離開歐洲，回到中國，留下更紛亂的歐洲，讓中亞帝國、非洲人與俄國人等接手者侵擾蹂躪的機會。過去風光強大的歐洲與美洲帝國主義的各個國家，像是宿命般，像似承受並償還著他們的祖先們對世界其他人民所欠的債。歐亞非戰火如荼、也殺得難分難解。北非與俄國對歐洲的進犯，讓歐洲的十字軍傷亡慘重 VI80。

其他地方

非洲從北到南都有極大的動亂，中非剛果一帶過去的爭戰又再度重演，各國彼此交戰，無辜的人深受其害。約在中俄戰爭同時，歐洲與中東和北非國家間的衝突對立也升高了。各國紛紛結盟希望能利用團體的力量來嚇阻敵人。

回教徒與中東、北非人為了區分彼此，便以頭巾的顏色來區分敵我，利比亞人用天青色，木葡信徒用白色，另外利比亞的同盟國阿爾及利亞與突尼西亞則用朱紅色的頭巾，他們在短短地數年間，在非洲征服了許多國家，曾有「非洲小龍」的新興工業國、王權色彩濃厚的摩納哥王國首當其衝，被利比亞攻破，發生極大的飢餓，摩納哥人的頭巾是金色的，其軍隊與人民也隨著利比亞的擴張，向北湧進歐洲大陸。中亞帝國的人用黑色頭巾來作識別。雖然北非的傳統武器與南歐各國仍有相當大的落差，但從南方上來、全面且持久的偷襲滲入、侵佔掠奪對早已陷入困境的南歐各國也是吃不消的。

北非人在北攻歐洲受挫後，身著金色，天青色和朱紅色軍服的各強權國家轉而南向佔領整個非洲，並會阻撓遠東前來的海軍 V11V69。在非洲之地，歐洲的律法比木葡之律法流行。亞非律法還在佔領歐洲的地區內爆發衝突。即使是在遠東人的規定下，耶教的規範仍繼續存在著 V53。

如前所述之時，在西方血戰與俄國報復後，有可怕的烏雲隨海風吹向東方。人們再見到日光時，太陽看起來好像是從西邊出來一般。

禍不單行，一日後，非洲人也攻入了阿拉伯半島。阿拉伯半島的回教聖地麥加的 Safaa 山上出現一個邪惡的統治者，強將人分別，將人臉上塗印作分別，信從他的就塗上光亮的色彩，反之則塗上黑暗的顏色。散去的毒氣煙霧仍能使接觸到的人無力，甚至死亡。此時，伊斯蘭教聖黑石（Ka'aba）被非回教徒的非洲人所炸壞摧毀，異教徒放蕩暴亂，半島上的沙烏地阿拉伯國家解體，不再存在。這場戰火延燒一直向北到敘利亞才停下來。

在亞洲，信奉伊斯蘭教的印尼利用機會南侵澳洲，秘密攻佔北方的達爾文港，與西邊的 Perth 港，接著指向東方的海岸，因宗教仇恨的緣故，到處破壞基督教的教堂。並屠殺了數千名澳洲人，但卻引起更多人信仰基督。澳洲被威脅達數年之久，但比起其他大洲，已算是十分幸運與安全的了。

政治——(P6–2)

法英等國因戰禍之結果向俄國等索求戰爭賠償，未果

久戰之後，中亞王缺乏鑄造的金屬，還改皮革來代替貨幣，上面有月亮形符號。VII25

新的聯盟

因為聯合國已毀於戰火，無法發揮統合協商的機制，可怕的戰事後，世界各國為了求自保，紛紛找鄰國或強國簽約，於是世界又有七十對新的聯盟出現。

戰爭中，法國得一大國(美國)之助，大部份免於難。戰爭中，法國從諾曼地區出來一位領袖，被稱作「奇人」（Chyren）或稱為「亨利」，恢復法國王室百合花的傳統，又像是一頭半鷹半獅的巨人。這位「歐洲的希望」雖然在義大利作戰時被打敗，但憑靠其戰士的意志與堅強的心，雖然走路有些跛，但終能統合紛亂的歐洲各國與勢力，組織一支以南歐法義軍隊為主幹的教廷軍隊，領導全歐對抗外來的侵略，尤其是在聯合各方勢力對抗中亞帝國與北方來的入侵者時，都獲得極大的成功，逐漸把歐洲穩定下來。其名聲與影響力日隆，最後遍及古羅馬時代的版圖。

法王可以說是消滅了俄、德、中三個敵人中兩人的武力。而賀君的解放軍也敗逃回遙遠的東方。和平降臨，但戰區難逃發生大疫疾的命運，倖存者再遭殃。戰區荒蕪無主，有食物也不能吃。

神罰罪惡的教會，經歷大恥辱的教皇回位，在科隆教堂唱"Te Deum"，並授命匈牙利、奧國和巴伐利亞三個國王。三王之力將教皇安置在另一處。後來這三巨頭仍會明爭暗鬥相當長的一段時間 X53。

在德國四十歲的日爾曼皇帝被推出，並見教皇。之後情況好轉。後來臨危逃走，他的統治期不長。

在 Westphalia 之役後，法軍退出德國，兩國和平。

東邊來了暴風，西邊來的是颶風，其結果使易北河、萊因河與多瑙河之間成了巨大的墳場。禿鷹與烏鴉群聚。

巴伐利亞國王是個穿著皮靴的白髮老人。先有瘟疫，後來多瑙河恢復原來的水位高度。後來成為供養浩劫餘生的人糧食的主要來源。戰後一年的夏冬不明顯，天氣會變暖，水果在此生長得很好。人可以搬過去，要多大的地都可以。多瑙河的北和東部重新有人住墾，在林中造屋。糧食充足。森林也漸漸恢復生機。

法王將回復戰火摧殘後的 Siegberg 和 Heisterbach。難民紛紛回國。

歐洲的「希望之星」後來在法國穩健領導，從國內努力帶出一個個自由自治自保的城市，流風所及，還影響其他國家效尤，各自由城市還互相結盟，守望相助，在困難的生存環境中奮鬥著。他艱苦地帶領法國與其他追求自由生存的人們反抗驅逐入侵法國的各外國勢力，與佔領的外來武力戰鬥，一部份靠大自然天候的幫忙，成功地打敗了敵人。漸漸恢復生息，訂定新的法律，禁止貪污腐敗的情事，也拯救了天主教會。他與受災慘重的天主教和天主教流行的地中海沿岸歐洲國家的關係密切，因此後來他更擴大鼓舞了其他歐洲人共同抵抗外人的侵入，給一蹶不振、被群狼們割據的歐洲人團結一致的奮鬥精神、宗教情操與生存希望，這非常艱鉅、甚至是不可能的任務最後都在他手中得以實現。

除猶太人多仍不信天主教並離開德國之外，之後歐洲將團結在天主教與大君王(即羅馬皇帝)之下。在他之後，歐洲將無任何皇帝，他也是英國最後統治的王。英國在長久且極度荒廢之後，受到法王之助，恢復生機。許多英國人會到法國西南與東南之地建立政府。但部份法國人、瑞士與德國人會與之對抗。英法人民混居一久，後來政治上也合為一體IX6，他還扶助愛爾蘭之重建。德英兩國後來也還有聯姻。君王明令禁止人們攜帶武器，只有農具可用，當時歐洲農地土壤很肥沃，許多猶太人、異教徒也歸順，並接受法王的領導。

其他──(06-1)

歐亞非大戰後，雖然各地仍有戰亂天災，但整體的規模相對小些。歐洲決策紛爭不斷，美國自顧不暇，皆軟弱無力，俄國的政權也缺乏遠見，在驅逐中亞武力的過程中，歐美與俄中仍在互相較勁，結果是兩方都佔不到什麼便宜，都對複雜混亂的局面失去控制，被各方與地方的不同勢力所侵蝕。無論是紅色或白色都無法統整安定歐洲的局勢，各國間紛爭互鬥不止。禍不單行的還有此起彼落的自然災禍。

歐洲戰後立即爆發大疫疾

世界各地發生嚴重的缺水問題，水資源的爭奪也成了爭鬥的主因之一。中東大部分地區都缺水，亞洲也有過半的區域飲用水源不足，而戰況慘烈的地中海一帶，因生態遭受嚴重的破壞，人為的破壞比自然的淨化速度快得太多，動植物死亡情況嚴重，加上戰爭與原油等之污染，風吹來都是腥臭的味道，而資源更是貧乏。

餓死病死的人不計其數，幸運的人還有長長的隊伍可排，等候分配麵包與糧食，還經常發生搶奪爭鬥的事情。不幸的人多躲在街角乞討，餓死也無人理睬。歐洲十餘億人口本來就有嚴重的老化現象，加上許多國家的人口負成長，年輕人的負擔極重，各年齡層的人普遍都有不滿。在慘烈俄歐戰事後，除去大量死亡者，弱病殘疾者更是倍增。世界荒蕪，工廠停工，人命損失，歐洲經濟規模受到慘重的全面性毀壞。

戰爭與難民潮之中，許多國家的界線也變得不明顯，大量流動的人口使許多地方成了不設防之地，更不知明天會歸誰管理，許多國家地區也因失去中央領導而由地方各自為政，甚至有無政府的情況，多數淪為任人宰割的戰場。不管個人隨身有沒有攜帶武器，結果仍是人人自危，像是生存在社會叢林之中。戰後缺乏醫療與看護、屍橫遍野無人埋與流動的人口等因素，讓各種傳染病大流行。

戰爭—(M6-2)

中亞王和北非各國趁火打劫

原來阿拉伯帝國的王在兩河流域受到海上來的威脅，留下最後一手血腥的鎮壓，他會被更暴烈的第三個人所篡奪 VI33 III59，此人出生在阿拉伯灣的大城，新王會在統治境內進行大屠殺，殘酷尤過於古羅馬的尼祿 III60 IX17 X10 VIII70，並不斷地對歐洲侵擾，想消滅位在法北與法西的歐洲最後頑抗之政權 V84。慘敗後的俄國為了討好這個新立的地獄王子，還特別俘虜了蘇格蘭的領袖和六名德國政要給他，表示互不侵犯的誠意 III78。此暴君將被一個木葡教徒所暗殺 IX76，第四個繼位者是一名老人，他的下場也不好，最後其全家會被該國人所殺害。

2023/10 中亞王見俄歐兩敗俱傷，認為機不可失，便想來輕鬆地坐收漁利，好好修理那些教皇號召下所謂的新十字軍。來自地中海東方和南方的海軍前進攻擊義大利和多瑙河一帶進行掠奪和破壞。阿拉伯人佔領各國後，會使已婚與寡婦失節，嬰兒摔在牆上。中亞王佔領義大利後，邪惡的本性暴露無遺 VI38。

尼斯、摩納哥、比薩、熱那亞、沙我那、斯也那、卡布瓦、莫得那、馬爾他都會在新年時有刀與血災，火、地震與洪水。歐洲軍隊在佛羅倫斯和斯也那一帶成功地大撤退。結果是義大利西北部會被外人佔據長達七年之久，直到法王來解放後，才重獲自由(2023~2030)VII15。

中亞軍隊與歐洲軍隊在地中海發生七次戰鬥，法國在地中海的大港和摩納哥被戰火焚燒和攻陷 II18 III10 IV23。法國與伊朗大戰，西班牙也被攻陷。法國與北非阿拉伯人對抗。戰爭中，法東南的馬賽居民逃到里昂，也有許多人向法國西海岸逃亡，共有近百萬人被殺和被俘 I72。

2024/4 伊朗攻擊隆河之後，因為馬塞多尼亞人說自己征服了一切，準備在 Nancy 備戰應敵，故中亞王轉而攻向馬塞多尼亞，雙方有殘酷的流血對抗 II96。

中國打中亞與東歐

中亞王想擴張其帝國，終究難免會和賀君發生衝突，該帝國至少也會成為賀君霸道上的絆腳石。他見交戰各方都有些相當大的損失，便想把握大好的機會一舉打敗中亞王的勢力。兩者兵戎相見，在所難免。

賀君見阿拉伯人佔領北義已一年了，2024/6 中國興兵攻打伊朗。

有過去擊敗俄軍的經驗，眼見西邊兩大陣營的對峙，賀君見有機可乘，便採遠交近攻的策略，信心滿滿地派手下的大元帥，沿著通往中東新的絲綢之路前進，攻入過去元朝伊兒汗國，主要包含有兩伊的疆域，攻擊路線經過了裏海南端的伊朗、伊拉克、敘利亞，成功地攻入了中亞帝國。中亞帝國的主力在與歐洲長期對抗的部署下，無法兩面作戰，分兵出來抵抗背後賀君的攻擊。中亞帝國緊急與賀君謀和，希望他能助己共同對抗各族間的死對頭與背後歐美的勢力。中亞帝國的皇帝想利用遠東的武力對抗與牽制強大的歐美勢力；賀君則需要中亞的支持與穩定，才能使他遠征的宏圖霸業無後顧之憂，雙方互換彼此的利益。中亞帝國腹背受敵，只得敗降。賀君穿越南高加索地帶，歐亞陸橋的土耳其與伊拉克、敘利亞相繼臣服於中國人的武力之下，其遠征軍已可達東歐。賀君還在土耳其留下血腥的屠殺 V54。

三戰中，中亞帝國抗拒遠東的勢力至少會有十一次以上，而兩方強大和衰弱的週期都很類似 IV30。

中國攻歐

賀君向中亞帝國要求補給、支援與利益交換，稍整事整頓後想趁勝追擊。因歐洲各國動亂持續，時時都在威脅各國的各級政府。賀君找到進入歐洲的理由，美其名為幫助各國政府平亂，穩定混亂的歐亞局勢，但實際上還有許多其他的目的，大約脫不開報仇與利益。到了 2024/12，中國賀君派遣一大陸軍分三路攻擊歐洲 VIII92。分別是一路攻向北義、奧國、德國、瑞士，一路攻擊東南法國海岸，與第三路向歐盟總部所在地的荷比等國前進。兩百年來歐美列強侵華的舊帳似乎在這一舉就要償還，在這些行動中東方人也帶著復仇的快感。

面對殘破的歐洲大陸，賀君的敵人很多種，但大都分散無力。歐亞非三洲，只要不降、不服從的，想阻止中國遠征軍各個目標的民族、國家、團體、信仰者都算是敵人，中國紅軍面對敵人也不會客氣。賀君的主要攻擊路線由巴爾幹半島進入北義地區、接著攻入奧國、面對眼前高山峻嶺的瑞士，若強攻之，勢必會減緩了攻擊的速度，賀君的武力於是繞道，一分為二，分為南北兩路，南路主要為海軍所支援，賀君在潛艇內帶著文件和武器出現在義大利的海域 II5，沿著波河向西，橫掃義大利西北的精華區，義大利人口眾多的米蘭、杜林、熱那亞黃金三角工業區遭到嚴重的破壞。其陸軍也穿越亞平寧山脈，攻入法國東南重要軍事與補給區域與瑞士的西部的政治經濟各城 II29。義大利的政治一向黨派林立，政權多變，共產勢力在政權也佔有相當大的比例。加上國內南北差距很大，貧富懸殊，賀君的進兵，無異幫助偏左的政權取得更大的國家資源。

賀君南方矛頭將攻入永久中立國瑞士時，由海上飛來的戰鬥機與轟炸機在雲中激戰，嘈雜的戰火在美麗靜謐的瑞士山區留下了人類的血腥與破壞。瑞士有世界最長的空中纜道與良好的地下鐵系統與穿山隧道，此時已不再歡迎觀光客，而成為入侵者攻擊的路線指引。日內瓦為全球的政治樞紐，世界外交官與領事館充斥，也是過去聯合國的歐洲總部、國際勞工組織和世界衛生組織等近兩百個國際組織所在地，其有名的和平大道在戰時顯得特別地諷刺，該城完全暴露在入侵者的武力之前，該城的人民因救援的希望落空，加上糧食用品的極度匱乏，大批逃亡。戰爭中，瑞士還發生爭奪重要寶物的事情。賀君的軍事動作使許多歐洲人對拉攏中國作盟邦的幻想破滅，反抗遠東軍隊入侵的行動也越來越積極明顯。紅軍與美軍都想穩住自己在歐洲的力量，接受自己的主導、保護與控制，強力干預歐洲各國的運作，衝突在所難免。

北路的大軍則揮軍首先北攻德國殘破的魯爾工業區，沿著萊因河北上，原來位在法國東北史特拉斯堡的歐洲集團軍總部也在被攻陷前作了緊急地後撤。一直攻入雖然防洪治水能力極強，但仍長期被大水所苦的荷比各國，希望能像過去德國二戰時的戰略，切斷英法間的通路，在衝進北法平原，一舉攻陷法國，並配合在南方的軍隊，從南北兩方夾擊法國這個歐洲的樞紐，逼使頑抗在英法一帶的政府就範，並徹底排除美國在歐的殘餘助力。此時的歐洲內，巴黎紅磨坊的歌舞香榭早已因內亂而失去了風華儷影，羅浮與凡爾賽宮的文物能打包的早已收拾或被人奪賣，不能走動的建築物似乎在默默地等待著自己的宿命。聖母院與其他大小教堂的人群還有苦難敬神的人在祈禱，而左岸的咖啡卻越來越苦澀了。

幾場勝戰仗下來，賀君的大軍所向披靡，加上不時地以長程或洲際導彈威脅交戰的對手國家，敵國多避其鋒，深怕國內的同情者與難民與國外武力結合，將是極可怕的一種組合。宣布中立以保存實力，希望能與憤怒的賀君和談妥協，賀君也得以個個擊破，至少也能取得相當的利益。中國解放軍對被佔領者還帶來了東方之律法與規定。擁有歐洲相當軍事力量的木葡宗教勢力自然也是賀君的大敵。

賀君親領一支大陸軍到遠方冒險作戰，不時地藏身於其元級潛艦內神出鬼沒。賀君不斷地強拉、招募或收買留散或原來就在外國的華人來作軍伕、工人與助手等，隨時隨地補充消耗的兵員與需要的補給、財源。海外有華人之處都成了他向海外發展的空間與基礎。不可否認的，他以中國自己之民為人質，所打的是一場非常不同的戰爭。

紅軍與歐洲的木葡信徒交戰並擊敗之。後來在歐洲戰場膠著、後援與時間的不利因素之下，賀君的遠征軍最後還是選擇了撤軍。但賀君讓木葡領袖存活，當作是一個制衡天主教與法英政府的活棋。他回國後又進行一次大劫奪。木葡領袖在 2025/4 密謀進行一項從法王與教皇手中奪取軍權的計畫，結果在數月後以失敗告終。

阿爾巴尼亞會和阿拉伯人結合在一起 V73。2025/9 阿爾巴尼亞反叛歐洲的公爵會帶著輕騎兵威脅已在分裂動亂的羅馬 V46V91。這來自阿爾巴尼亞的侵擾後來為法國所敗 VII29。

2024~2025 兩年內，英國都在皇家空軍各種飛機的摧殘的內亂中度過，尤其是在夜間的破壞。同時有大瘟疫與罕見的死亡人數出現。英國皇家空軍的最高指揮官後來會將軍事總部建築在一座高山上，並且培養出三名政軍人物出來。

其他—(06-1)

2025 年中期有一拖著長尾巴的彗星出現，落在法北的阿爾妥之處，大星會燃燒七日，煙雲使太陽看起來像兩個，有地震。歐洲的三王子互相為敵 II41 II43 II46 IV67 V59。

宗教—(R6-1)

因當時教皇仍禁止歌舞華服等世俗事物，德國將出現反教皇者。俄國當時的軍事與政治領袖，這位第三王被教會稱為敵基督者，將會發動超越過去一、二戰人數參戰的戰爭，在國內執行許多謀殺，其邪惡之統治讓許多人悲傷。在國內先挑起對立，自己再出來重建秩序。重建不成，反而弄得更糟。在俄國與德國軍事攻擊義大利，希望能止息宗教因素造成的動亂，他們會毀壞許多教堂，將之當作他們的馬廄。

之後，木葡教徒於 2023 奪取了天主教的號召與軍權，下一任天主教皇(Peter Romanus)會帶人經過許多苦難。之後，俄共的第五個領袖想殺教皇。在俄國的一棟建築前有兩個邪惡的人出現，言談中提到教皇，其中戴著白色和藍色貝雷帽的作戰室人員在準備著。

羅馬將會在他們準備的戰火下傾倒。一個口舌伶俐的士兵倡議去掠奪羅馬的聖殿，造成教會中好戰派的強烈反彈 VIII78。佛羅倫斯和羅馬人都會逃亡，Fiesole 會有戰事。因為假先知們，天主教會會被綁架。義大利除了六個教士外，其他教士都會被殺，名為 Pious 的教皇會跨過死亡的教士，與四名教士一齊逃出羅馬，躲在科隆。之後，信眾效忠的對象分裂，有些會跟從逃亡中被隨從軟禁的教皇，有些向尊敬教會的政府。其在不久後會橫死，沒有教皇。過去不忠的教士受制於木葡勢力，對之厭煩，但覺醒已太遲。多數聖徒受難，少數變節。其時，樞機主教反對樞機主教，主教對抗主教，教會充斥著妥協的人 IV43。發生宗教大迫害，教堂關閉，許多神職殉道，血流成河。各方來的入侵者利用牧眾來迫害教士們。最後的情況是台伯河氾濫淹入羅馬，許多教會的敵人死在那裏，如魚一樣多。羅馬與梵諦岡會因天災人禍，死亡與逃亡到一人不剩，十分荒涼 III84 VII8。

教皇復位

梵諦岡的天主教教皇在逃難期間冊封了三位歐洲抗敵有功的領導者，是為戰後政治上的的三巨頭(其中並不包含法王「奇人」)。教皇也在三王的支持下復位 VIII99。

2025 年天主教教皇從戰火逃難到法國等地後重回梵諦岡，歐洲人團結舉起宗教大纛對抗異教徒，擔任新時代十字軍的天主教聲譽本應看漲。影響所及，英國在三日黑暗與極大死傷後，人民重拾過去鄙視丟棄的宗教信仰，接受天主教，在苦難中成長團結，宗教大迫害後，教皇也選派了十二位教廷代表到世界各國傳教。這時教皇統一了東正教和天主教的長久分裂。英國也會改信天主教，而且更加虔誠。其他許多北歐人和信回教者皆會改信天主教。俄國在戰敗後，原來被迫害甚大的東正教信眾與許多俄人轉而信仰天主教與基督。

即使是在戰後的每一年的年尾，全球仍有相當多的人在各地紀念聖誕節，但也只能在緬懷過去的快樂回憶中暫時忘記眼前的苦難，懷疑自己未來還能否再過一個平安夜。許多敬虔者在大戰亂迫害後，祭悼那些為主殉道者的靈魂。

法王進入羅馬與回返的教皇共同革新天主教會成普世教會，將宗教秩序變更，分成三級，即戰士、獨身的教士和敬虔的信眾。廣傳世界，巴勒斯坦仍不接受天主教。「所有的都失去了，所有的都保留起來了」。教士改過儉樸生活後，情況才會好轉。法王禁止了舞曲與華服。法王被稱為CHIREN、PLVSOVERE，單獨擁有勝利者之頭銜。教皇有法王的背書支持，將其他的宗教反對勢力排除。此時的歐陸有一位教皇，一位皇帝，12位國王與若干王子。(作者將法王之頭銜專指此人，而與其他在法境出現的王有別)

大君王會革新所有歐洲的教會。法王與天主教的教皇這一帝一教皇的情況是法國的第六個時代，法國在基督到來前一大時期的開始。此期科學家倍增，聖經將無歧意地被了解。沒有錯誤和異端。人在自然科學與天文學都有長足的進步，時代精神為「兄弟之愛」。天主教這段慰藉時期(Status Consolationis)之後為到末世的荒廢時期(Status Consolationis)。見到天主教在戰爭中的表現，感動了許多人，其中也有許許多多的中國人改信天主教，這也引起了賀君與其他國家的君王們極大的憂慮和恐慌，鎮壓迫害的動作變本加厲地進行著。

雖然教皇復位，且廣受各國信眾的讚揚，宗教傳向世界各處，但權力使人盲目，因為新特權與隨之而來的放縱，天主教在過去菁英大量殉道、剩餘教牧良莠不齊之下，雖不乏聖者，但不久後又會走向墮落衰敗的道路。犧牲了過多的各級神職人員，剩下的許多又都是貪生怕死之徒，沾染了嗜好金錢與權力的惡習，終被信眾們所唾棄。戰後天主教的上層一次又一次地重整，換來換去都是無德無知無能的人在最高位，仍然想當歐洲的十字軍領袖，後來這些人被其他國家與將軍們奪權、趕走，表面上光鮮亮麗、實際卻無權無力的教皇也被孤立拋棄。敵視宗教的好戰份子與回教激進份子也常來破壞，有更悲慘的戰鬥。屋毀，人多死傷。政治與宗教的衝突一直存在，在兩者大辯論後，政治力壓迫宗教界日重，而天主教的晚景更加淒涼，神似乎也不再眷顧這些迷失與假冒的羔羊了。

值得一提的是，木蔔教與中亞、歐美許多耶教信徒把來自中俄的軍隊說成是聖經預言的馬軍兩萬萬。然而事實上，中俄軍隊加起來也沒有那麼多，但許多人把外來的大批難民也一併算上，這當然不止兩億人馬，因而有更多的人相信這種似是而非的說法。

短期間內，耶教、回教以及其他東方人的宗教都會混合共存在歐洲大陸 VI10。

本書預言年代紀

時間	NOS presage	NOS 1	NOS 2	Sabato	歐美預言	推背圖	藏頭詩	萬年歌	燒餅歌	武侯百年乩	金陵塔	步虛大師	其他
(I) 2002-2004						第 43 象 兩岸分治狀態		兩分疆界、為君一百九					
(II) 2005										木子楊花真武興			綠布占紅幕，兩岸戰事
													台灣政壇重整與過渡政府
(III) 2006				美俄友好	傳染病帶來大饑荒								東亞有大傳染病，兩岸經濟不佳，台灣兩新領導者出，台灣經濟回春。有大彗星出現
2007		春天有兆，日蝕，地軸變，十月大地震		北極冰帽融化，海水高漲，影響全世界，地震頻仍	北極長期雨季，北極圈內國家因融冰而團結時，南方國家開始緊張。無數人待援，北半球眾國多成無政府狀態						靈山水火大劫		年末時臺灣有三處大地震，災情與貪污嚴重，社會動盪。兩韓關係緊張
		新巴比倫興起、土耳其、波斯、大屠殺 (帝國維持 73 年 7月，到 2080)	新中亞王朝在其最後攻勢前將震動耶回世界達 25 年 (2007-2031)		伊朗併吞伊拉克，興兵百萬，攻擊土耳其和埃及								中國天災內亂
													中國北方東西分裂互戰。中國威脅臺灣，兩岸裂痕數十載，一夕盡還原。中國又見異軍起
2008		歐洲在 48 度有聖靈出來趕走波斯的威脅			中亞王不久後被暗殺								臺灣經濟不佳
						第 44 象 聖人救難		中華定、南北平		南方出豪傑、南北謀和		中國三分天下出聖人，玄冠龍服	臺海第二次戰爭威脅，臺灣避禍。中國亂後安定
2009				中與歐洲、澳洲經貿密切									臺灣新生代領袖出，與大陸經貿密切
2010-2015			北方、東方人結合，迫害教會將近 11 年 (2013 -2023)	此期前後從東方有人傳出預言智慧到西方，但不被接受									兩岸仍在明爭暗鬥。臺灣有核武威脅。南韓與北韓談統一

(IV) 2016				中國國內與外國有五年大危機(2016-2020)			日強中弱，相互爭強						
				中打印度									
2017							日佔兩廣大災禍	雞上火、大變化	火德星君來下界		美攻佔紫金山		
								賀君出現，對日先不動手，另訂大中國的新國		佳人自西來，弄權亂君			
2018-2019				有更激烈戰事，中打日，中打中南半島、印、巴、阿富汗	印度被中國攻佔								兩韓統一
(V) 2020		50度木葡教主出，革新天主教會。有大和平、各國紛與假扮智者、憤怒之木葡國結盟			木葡有古老典籍，自認先知，並有預言，影響範圍從法國到印度		木葡興起，賀君立	四海無波 209日			賀君剷除異己		
2021	1)聯合國總部會決議一恐怖事，新國王備戰 @2			中國人民大量外移，東西文化血統大交流	新歐盟成立					中國人臣服於矮胖賀君			
	1)東地中海戰事，結盟LA @3												
	有天火降，教庭不安 @7				彗星墜落，歐洲海吹起強風，夾雜大量塵土，滿蓋各國一直覆蓋到埃及、伊索匹亞和羅馬。地震和閃電發生 @7，天主教被木葡勢力佔據。大地震，美西裂開，紐約、羅馬大震災，日、英大水								

(IV) 2016				中國國內與外國有五年大危機(2016-2020)			日強中弱，相互爭強						
				中打印度									
2017							日佔兩廣大災禍	雞上火、大變化	火德星君來下界		美攻佔紫金山		
								賀君出現，對日先不動手，另訂大中國的新國		佳人自西來，弄權亂君			
2018-2019				有更激烈戰事，中打日，中打中南半島、印、巴、阿富汗	印度被中國攻佔								兩韓統一
(V) 2020		50度木葡教主出，革新天主教會。有大和平、各國紛與假扮智者、憤怒之木葡國結盟			木葡有古老典籍，自認先知，並有預言，影響範圍從法國到印度		木葡興起，賀君立	四海無波 209日			賀君剷除異己		
2021	1)聯合國總部會決議一恐怖事，新國王備戰@2			中國人民大量外移，東西文化血統大交流	新歐盟成立					中國人臣服於矮胖賀君			
	1)東地中海戰事，結盟LA @3												
	有天火降，教庭不安@7				彗星墜落，歐洲海吹起強風，夾雜大量塵土，滿蓋各國一直覆蓋到埃及、伊索匹亞和羅馬。地震和閃電發生@7，天主教被木葡勢力佔據。大地震，美西裂開，紐約、羅馬大震災，日、英大水								

	4)中亞王信服來自東方的海軍武力			中打兩伊、土耳其和東歐	回教律改								
	4)新國之新王登基迷惑東方人@7												
	4)教皇離法，羅馬尼亞被迫接受和約@11												
	4)外人三方進軍歐洲@12			中攻北義、奧、瑞、東南法與荷比									
2025	5) 中國紅軍與木葡交戰後，讓被選出的木葡領袖存活，後者密謀奪權計畫@4			北非各強權國佔領整個非洲									
	5)有長尾彗星出現，木葡被人推崇，後形成暴動，繼而失敗@7~9												
	5)教會高層重組，新得權者為愚盲的眾人@10	教會恢復，驕奢淫逸	教皇回位、被孤立										
	5)木葡一領袖死，某件暗殺公正者的事件@12												
(VII) 2026	6)教會遭兵燹@3	國王將軍們奪走教會武裝	耶教聖地神殿、新舊約大毀壞，姦淫擄掠		英國內亂不止								
	6)中亞王帶來大極邪惡@4	教會同流合污，背離信徒，鎮壓信眾			土耳其興起，俄歐與土、阿人交戰								

	6)疫疾，美自歐撤軍，不再是王中之王@5				中日結盟，控制亞洲			賀君建立大「元」帝國	金殿樓臺盡丙丁(2026-27)賀君擴張的第二階段，七年				
	6)再被攻佔，歐人結合增強力量@7~8後				部份英法結合一體								
	6)各外敵戰敗散亂@10後	法王帶領歐人脫離奴隸國度，建立自由城市											
2027	春好，夏秋天氣惡劣												
	7)戰爭暴亂、同盟不和、高位者死貶、新木葡領導者在里昂行破壞，後死於政治@1~4	木葡勢力光環退	更悲慘的戰鬥		天主教再興與改革								
	7)海陸大統領自薦，敵人遇強風難行@10~11												
2028	8)歐洲全年有大佔領、死亡、逃亡、洪水、瘟疫，大惡	黑暗中可憎者出，後期死											
	8)歐洲政治宗教大辯論、政治壓迫宗教@4	教會被神棄。歐有宗教大迫害與大瘟疫，歐人三分之二死亡或遷徙											
	8)五月歐洲大地震、降雹，惡人殺重要人物@ 5												
	8)情況由好變壞，木葡教徒失勢@9												

	諸多惡事發生@10~12												
2029	9)食物豐收雨順、教會墮落@1												
	9)眾王互鬥仇恨@3												
	9)發明可動之器@4									此是陰陽造化機。意土發明成絕技			
	9)洪水大雨季@8~10，一波波瘟疫@5~8，失職失敗，快樂地復仇												
2030	10)歐洲情況極惡劣，雪雨瘟疫傷殘@1~2。政治邪惡勢力使天主教衰敗、變化劇烈@5	回教徒佔地中海要島，劫奪財物			五月到九月阿拉伯人二次自海上來攻。歐洲極差的一年								
	歐洲各山頭勢力林立，變動與紛亂，下半年歐洲多紛亂戰禍	因東方人，歐國家衰弱											
(VIII) 2030（末）					俄與中日同時攻擊北美								
2031	11)教會大分裂，分財產與派別、犯錯@1	中亞與其他勢力使歐之兩教會大分裂、紅白無力改變狀況											
	11)美俄等極強者有嚴重損失@1~2				美國燃燒，中南美大軍北進								
	11)東方人武裝@6		中亞王最後攻勢		中、日與其他國家聯合敗俄								
	11)以色列多牛死、被攻佔@6	以色列被攻破荒涼，聖墓被破壞暴露			以俄為首，率利比亞、伊索匹亞和伊朗入侵以色列					南方聖人立公正堂，中國內戰，獨立短現			

	11)惡者被更惡者捉拿，法又大勝@9												
	11)敵人退至Thrace，一路劫奪。木葡人當道，壓迫各教派@11後												
(IX) 2032	12)因下毒而反彈，不和的西方團結，誓師出兵@1	西方反攻											
	12)兩大艦隊相遇@3												
	12)東方人衰弱，西方反攻軍，歐洲仍不太安寧@9												
	12)法王聲望達高峰、各國設計陷害宗教徒@10												
	12)法王死於臥室@11後									飛虎潛龍西來，新武器			
2033		北與西方人驅趕東方軍隊			聯軍敗印尼之守軍	第45象 西人至東而止，大敗日本				日敗、中國雪恥			
		東方之王被自己人所殺，推翻他並囚禁其後代			第三次世界大戰結束	第46象 一人難逃			鬍子將軍除暴	異術殺人			
(X) 2034-					戰後歐美	第47象 讀書人出	甕君出現，中國赤色政權消滅	君正臣賢四海息戈		偃武修文，三教聖人出			
此欄之(#)為書中各章的對應年份	此欄之#)為諾氏預言十二年的紀年順序												
	此@#代表某年的月份												

國家圖書館出版品預行編目

二十一世紀的大對決／雷正祺著. -- 一版. --
臺北市：秀威資訊科技, 2005[民 94]
面； 公分. -- ISBN 978-986-7263-47-6（上冊：平裝）.
ISBN 978-986-7263-48-3（下冊：平裝）
1. 未來學
2. 預言

541.49 94012076

社會科學類 PF0006

二十一世紀的大對決(上)

作　　者 / 雷正祺
發 行 人 / 宋政坤
執行編輯 / 魏良珍
圖文排版 / 沈裕閔
封面設計 / 莊芯媚
數位轉譯 / 徐真玉　沈裕閔
圖書銷售 / 林怡君
網路服務 / 徐國晉
出版印製 / 秀威資訊科技股份有限公司
台北市內湖區瑞光路 583 巷 25 號 1 樓
電話：02-2657-9211　　傳真：02-2657-9106
E-mail：service@showwe.com.tw
經 銷 商 / 紅螞蟻圖書有限公司
台北市內湖區舊宗路二段 121 巷 28、32 號 4 樓
電話：02-2795-3656　　傳真：02-2795-4100
http://www.e-redant.com

2006 年 7 月 BOD 再刷
定價：250 元

讀　者　回　函　卡

感謝您購買本書，為提升服務品質，煩請填寫以下問卷，收到您的寶貴意見後，我們會仔細收藏記錄並回贈紀念品，謝謝！

1.您購買的書名：______________________________

2.您從何得知本書的消息？

□網路書店　□部落格　□資料庫搜尋　□書訊　□電子報　□書店

□平面媒體　□ 朋友推薦　□網站推薦　□其他__________

3.您對本書的評價：(請填代號　1.非常滿意 2.滿意 3.尚可 4.再改進)

封面設計____　版面編排____　內容____　文/譯筆____　價格____

4.讀完書後您覺得：

□很有收獲　□有收獲　□收獲不多　□沒收獲

5.您會推薦本書給朋友嗎？

□會　□不會，為什麼？______________________________________

6.其他寶貴的意見：____

____

____

____

讀者基本資料

姓名：____________________　年齡：______　性別：□女　□男

聯絡電話：________________　E-mail：____________________

地址：____

學歷：□高中(含)以下　□高中　□專科學校　□大學

□研究所(含)以上　□其他________________

職業：□製造業　□金融業　□資訊業　□軍警　□傳播業　□自由業

□服務業　□公務員　□教職　□學生　□其他__________

請貼
郵票

To：114

台北市內湖區瑞光路 583 巷 25 號 1 樓

秀威資訊科技股份有限公司　　收

寄件人姓名：

寄件人地址：□□□

(請沿線對摺寄回,謝謝!)

秀威與 BOD

BOD（Books On Demand）是數位出版的大趨勢，秀威資訊率先運用 POD 數位印刷設備來生產書籍，並提供作者全程數位出版服務，致使書籍產銷零庫存，知識傳承不絕版，目前已開闢以下書系：

一、BOD 學術著作—專業論述的閱讀延伸
二、BOD 個人著作—分享生命的心路歷程
三、BOD 旅遊著作—個人深度旅遊文學創作
四、BOD 大陸學者—大陸專業學者學術出版
五、POD 獨家經銷—數位產製的代發行書籍

BOD 秀威網路書店：www.showwe.com.tw
政府出版品網路書店：www.govbooks.com.tw

永不絕版的故事・自己寫・永不休止的音符・自己唱